지친 영혼 돌봄을 위한

영혼 돌봄

곽승룡 신부 지음

여는 글

마음에 간직하고 영혼에 새겨야 할 이야기

'영혼 돌봄이란?'

'영혼 돌봄'이란?

'영혼 돌봄'이란 지금, 바로 이 순간(right now)의 나를 알아차리고 사랑함으로써 하느님과 이웃을 진심으로 만나게 되고 사랑하게 되는 여정입니다. 이 여정의 가장 중요한 반석은 '나'입니다. 사랑받고 고귀한 소중한 나.

"행복하여라! 그는 시냇가에 심겨 제때에 열매를 내며 잎이 시들지 않는 나무와 같아 하는 일마다 잘되리라."(시편 1, 1-3)

온전한 '나' (Εγώ에고-그리스어) 자신을 알아보십시오.

우리는 왜, 무엇을 위해서 '나'라는 자신을 알아차려야 할까요?

그것은 육에서 올라오는 욕망, 마음속의 갈등, 그리고 깊은 번뇌 사이에서 힘들어하는 나를 돌보기 위함 입니다. 우리는 그동안 성취감과 경쟁심에 빠져 일등만을 향해 쉬지 않고 한참을 달려왔습니다. 인생에 우열을 만들어 점수를 매기고, 성취감과 열등감이라는 감정 속에서 서로 견제하고 경쟁하면서 서로 돕고 함께하지 못한 채 그렇게 오랜 시간을 지내왔습니다. 그러는 사이 우리는 삶의 의미와 가치를 발견하지 못한 채, 오랜 세월 경제적 여유 같은 외적인 것들을 쫓으며 방황하며 살아왔습니다.

필자 역시 오랜 시간을 사람들과 함께하며 서로 대화하며 돕고 살지 못하였습니다.

기후 위기가 지구의 아픔을 이야기하는 증상이듯, 내 영혼에 통증이 있다면 내가 아프다는 증상입니다. 아픈 영혼, 우리의 영혼을 돌보지 않으면 내 안의 모든 것을 잃게 됩니다. 소중한 나, 내 안의 모든 것을 지키는 길은 '영혼 돌봄'의 길입니다. '영혼 돌봄'이 우리 각자 자신을 살아나게 할 것입니다.

"주 하느님이 이렇게 말한다. 너 숨아, 사방에서 와 이 학살된 이들 위로 불어서, 그들이 살아나게 하여라." (에제 37, 9)

우리의 가슴을 뛰게 하는 것은 외적인 것에 있지 않습니다. 우리의 가슴을 뛰게 하는 원동력은 바로 내 안의 영에 있습니다. 삶의 기쁨, 즐거움, 뿌듯함 등의 감정은 우리의 내면에서 출발합니다. 이 내면의 원천은 곧 사랑, 사랑을 품을 성령입니다. 마음속의 사랑이 사람을 움직이게 하며 이로 인해 우리는 각자의 행복과 건강한 인간관계를 맺고 살아갈 수 있습니다.

수천년 동안 많은 영성가들은 우리가 몸(身)과 영혼(靈魂) 그리고 영(靈)이 서로 조화롭게 살아갈 수 있도록 돕는 '영혼 돌봄'을 통하여 인생을 건강하게 살아갈 수 있다고 초대하였습니다. '영혼 돌봄'의 길. 그 길은 삶의 의미를 알아가는 과정이고, 그 첫걸음은 나를 잘 아는 것, 바로 성찰입니다. 성찰이 없는 삶은 자신이 삶의 주인공이 될 수 없고 타인에 의해 끌려 다닐 수밖에 없습니다.

'영혼 돌봄'은 영이 내 안에서 자유롭게 움직여 상처 난 인간관계를 회복시켜 주고 지쳐버린 자신을 스스로 일어나게 하는 회복의 여정입니다. 이 여정은 아주 작고 단순한 것에서부터 시작됩니다. 바로 잠시 나쁜 생각을 내려놓고 순간의 감정을 온몸과 마음으로 느끼는 것입니다. 보고 듣고 느끼며, 생각을 멈추고 마음을 흐르도록 하는 바로 이 순간 지금! 이곳 내안에서 우리의 영혼은 되살아납니다.

영혼이 되살아나게 되면 몸과 마음이 모두 건강하게 되고, 건강한 몸과 마음 그리고 영은 함께 상호적으로 소통을 하여 움직이게 됩니다. 이 순간을 바로 〈영혼 돌봄〉 기도의 순간이라고 합니다. 영혼의 호흡과 내면 소통으로 몸, 영, 혼이 하나로 조화와 균형을 이루는 진정한 건강한 상태. 이 '영혼 돌봄'을 통해 건강한 내가 될 수 있습니다.

마음에 간직하고 영혼에서 들려오는 사랑의 소리

영혼 돌봄의 영성적인 계보는 다음과 같습니다.

2천 년 동안 전해온 그리스도교의 고전 영성인 '영혼 돌봄'은 사막의 교부 성 안토니오(251-356)로부터 로욜라의 성 이냐시오(1491-1556)에까지 이릅니다. 오늘날 '영혼 돌봄'이 절실히 필요한 현대인들에게 '영혼 돌봄'의 성찰과 식별을 소개합니다. 영혼의 성찰은 '자신을 들여다보는 탐색'이고, 영혼의 식별은 '말씀을 기준으로 자신을 들여다보는 통찰'입니다. 영혼의 성찰과 식별의 길을 걸어가다 보면, 치우친 생각과 억압된 감정으로부터 해방되어 자유를 찾아갑니다. 그때 지친 자신과 상처 난 인간관계가 회복되는 사랑의 열매가 맺어집니다. 더 나아가 하느님과 나의 관계가 완성되기 시작합니다. 이는 영혼에서 들려오는 사랑의 소리에 귀를 기울이는 것으로 충분합니다.

'영혼 돌봄'은 내 안에 잠자고 있는 영의 씨앗을 발아시키는 것입니다. 누구나 갖고 있는 '영'이라는 씨앗, 성찰과 식별을 통해 씨앗이 발아되어 나의 의식을 깨우고, 확장하게 시켜 줄 것입니다. 이 씨앗은 나쁜 생각을 간파하고 아픈 마음을 외면하지 않습니다. 지금, 이 순간 여기에서 생각과 마음을 성령에게 내어 맡길 수 있기 때문입니다. 그러므로 '영혼 돌봄'은 성령, 곧 사랑이 내 안에서 자유롭게 움직이게 하는 것입니다.

믿음을 살아가는 오늘의 신앙인은 모두 영혼 돌보미가 될 수 있습니다.

믿음이란? 첫째, 말씀을 '경청'하는 사랑으로 시작해서, 둘째, '이웃을 향하는' 사랑으로 완성되기 때문입니다. 그러므로 주님께서 항상 "두려워하지 마라, 계속해서 믿기만 하여라."(마르 5, 36) 하신 말씀은 '영혼 돌봄 동반자'인 신앙인들에게 던져주시는 용기이고 축복입니다. 그래서 우리는 모두 영혼 돌보미로 부르심을 받은 것입니다.

'영혼 돌봄'은 기도입니다. 기도는 영의 움직임으로 인하여, 생각과 감정의 영혼이 숨 쉬며 자유로워지는 시간입니다. 나쁜 생각을 버리고 상처받은 마음이 치유되는 따뜻한 시간입니다. 그동안 기도를 어떻게 해오셨나요? 자신을 위해 돌보는 일을 해 보셨나요? 이제 그 누구도 아닌, 나 자신을 위한 기도를 해보시겠습니까? 온전히 자신을 바라보며 자신과 내 앞의 대상을 사랑하는 기도, 바로 영혼 돌봄입니다. 이러한 영혼 돌봄의 시간은 분명 당신에게 평안을 선물

할 것입니다. 그래서 나는 많은 이에게 성령의 선물인 용서와 사랑을 건넬 수 있게 될 것입니다.

"고생하며 무거운 짐을 진 너희는 모두 나에게 오너라. 내가 너희에게 안식을 주겠다. 나는 마음이 온유하고 겸손하니 내 멍에를 메고 나에게 배워라. 그러면 너희가 안식을 얻을 것이다.
정녕 내 멍에는 편하고 내 짐은 가볍다."(마태 11, 28-30)

2024년 예수 성심 대축일
곽 승 룡 비오 신부

차례

여는 글 / 002
마음에 간직하고 영혼에 새겨야 할 이야기
- A GUIDE TO SPIRITUAL DIRECTION
'영혼 돌봄이란?'

1부 영혼 돌봄을 위한
'나는 따뜻한 영혼 돌보미'

01 따뜻한 영혼 돌봄 ·· 013
02 영혼을 들여다보기, 성찰 ································· 022
03 사랑 안에 두려움은 없습니다. ························ 028
04 눈을 떠보실래요? ··· 036
05 영혼 돌보미, 영적 동반자 ································· 045
06 자신의 영혼을 이해하는 작업 ·························· 056
07 새로남 ·· 061
08 용서는 마음의 해독제 ······································· 070

2부 영혼 돌봄 하나,
생각은 거르고, 마음이 흐르게

09 생각과 마음, 영혼의 한 가족 ··························· 079
10 영적 분노와 자기 의지 내려놓기 ····················· 086
11 나쁜 생각의 뿌리, 이기심 ································· 096
12 교만의 치료제, 겸손 ··· 103
13 영혼의 두 속성, 사랑과 자유 ··························· 109
14 나를 살리는 영혼의 표현 ································· 115

15 감정은 옳다? 생각을 탐색하라! ········· 121
16 나쁜 생각과 죄 ········· 130
17 감정은 흐르게 하고, 마음은 다스리며, 생각을 멈춰라! ··· 142
18 열정은 처음의 생각과 대화하라! ········· 151
19 나쁜 생각들과 어떻게 싸울까? ········· 159
20 분별의 목적지, 사랑실천 ········· 168
21 식별의 기준들 ········· 175
22 영혼 문맹 벗어나기 ········· 183
23 악을 이기는 3가지 훈련 ········· 191
24 신의 눈으로 영혼을 들여다보기 ········· 199

3부 — 영혼 돌봄 둘, 영혼의 호흡으로

25 나를 찾는 마음 기도 ········· 209
26 나와 동행하시는 예수 기도 ········· 216
27 하느님이 내 안에서 하시는 관상 기도 ········· 224
28 영혼을 돌보는 의식 기도, 영신수련 ········· 231
29 양심 성찰 ········· 238

닫는 글 — 지금 이 순간의 자신을 만나세요 / 246
부록 / 253
1. 사랑에 대하여
2. 영혼의 메시지 읽기
3. 나는 몸이고 영혼이며 영이다

1부

영혼 돌봄을 위한
'나는 따뜻한 영혼 돌보미'

우울증은 기력이 땅에 떨어져 어떤 의욕이 없을 때, 하루하루를 버틸 희망이 없을 때 생겨납니다. 분노는 마음이 복잡하고 무언가에 좌절되고, 불안할 때 나타나는 몸의 증상입니다. 증상은 몸에서 나타나지만, 원인은 마음에서 찾을 수 있습니다. 증상과 원인을 발견하는 순간, 당신은 해결책을 찾을 수 있습니다. 어떻게 그것이 가능할까요? 당신도 따뜻하고 친절한 영적 동반자가 될 수 있습니다.

1부는 영적 동반자가 지녀야할 태도에 대해서 말합니다. 복음과 믿음의 진리가 제시하는 영적 동반자의 길이 나를 찾는 영혼 돌봄의 해법입니다.

따뜻한 영혼 돌봄

행복은 무엇일까요? 안정감을 찾는 것입니다. 하느님을 찾는 마음이 생겨나는 것입니다. 내 믿음은 온전한가요? 안정감이 있나요? 믿음의 핵심을 잃지 않고, 주님을 좋아하고 찾으면… 삶이 즐겁고 행복하지 않을까요? 나의 결핍과 부족함이 보이면, 오히려 나의 충만을 발견해보십시오! 젊은 사람은 힘이 있지만 지칠 수 있고, 노인은 힘은 떨어지지만 지치지 않을 수 있습니다. 주님께는 불가능이 없기 때문입니다. 행복은 지금 여기서 새로남, 눈뜨기입니다.

나다운 삶을 위해 깨어나 영혼을 돌보는 성찰과 식별!

하느님은 나에게 어떤 분이실까? 어떤 관계가 있을까? 하고, 들여다보는 것이 '영혼 돌봄'의 첫 출발점입니다. 하느님을 알고, 나를 알아야 합니다. 이 여정에서 나도 하느님을 닮은 친절하고 따뜻한 영적 동반자가 될 수 있습니다.

따뜻한 영혼 돌봄

영의 눈뜨기 기도

주님, 당신은 왜 나에게 볼 수 없는 눈을 주셨습니까? 당신의 삶과 당신의 사랑을 볼 수 없는 눈을 말입니다. 하지만 주님, 당신께서는 제가 형제와 자매를 볼 수 있는 눈을 주셨습니다. 그들을 향해 걸어가고 그들과 함께 좋은 땅을 디딜 수 있는 발도 주셨습니다. 주님, 제 눈을 뜨게 하소서! 제가 볼 것입니다. 당신이 보는 것을 마주 볼 것입니다.

신앙생활에 꼭 필요한 고해성사는 영혼을 돌보는 것이라고 알고는 있지만, 구체적으로 어떻게 준비해야 하는가는 무척 궁금합니다. 영의 눈 뜨기가 필요합니다. 그러면 영이 나의 영혼을 어루만져 주시는 돌봄처럼, 고해성사는 주님의 영과 내 영혼이 만나는 영적인 세계의 일이 됩니다. 어떻게 영의 눈을 뜨나요? 간단합니다. 하느님의 눈을 바라보면 됩니다. 그러면 하느님께서 나의 눈을 바라보십니다. 그 순간 지금 하느님의 눈과 나의 눈이 같아지기 때문에 내 영의 눈은 그렇게 뜨게 됩니다. 그런데 영혼이 어디에 있고 무엇이냐[1]고 묻는다면 설명하기가 쉽지 않습니다. 사람은 육체와 영혼으로 결합되어 있는데, 성경에 따르면[2] 영혼은 인간 생명 자체를 말합니다. 인격 자체가 영혼입니다.

영혼, 인간생명의 본질

복음서는 다음과 같이 영혼[3]을 말합니다. "내 마음이 너무 괴로워

---

[1] 오늘날 종교학자들은 종교적인 인간에서 영적인 인간으로, 성과 속의 경계를 넘어서는 제3의 길, '초종교적 영성' 시대의 선언을 하고 있습니다(참조: 길희성, 영적 휴머니즘, 아카넷, 2021). 하지만 한국 가톨릭 영성을 추구하는 필자는 코로나 19 사태로 촉발된 전우주적 문명 위기의 해방구가 자연과 마음 중심의 '영혼 돌봄'에 있다는 것을 주장합니다. 그러므로 영혼 돌봄이란? 성경과 초기 천년의 그리스도교의 사막교부 영성 그리고 로욜라 이냐시오의 영신수련을 토대로 합니다. 하지만 영혼 돌봄의 21세기 대안적 제3의 길은 한국 가톨릭 영성으로서 아시아(유불도)와 한국의 인문학 가치들 곧 동의보감, 한국유교, 한국불교, 한국도교와 만나는 데에서 찾을 수 있다고 믿고 있습니다.

[2] "제 목숨(psyche)을 얻으려는 사람은 목숨을 잃고…"(마태 10, 39) 이처럼 히브리 셈족 문화에서 사람은 목숨이고 생명이다. 희랍 문화에서는 다음 성서구절처럼 사람은 몸(soma)에 대한 영혼(psyche)으로 이해합니다. "육신(soma)은 죽여도 영혼(psyche)은 죽이지 못하는 자들을 두려워하지 마라"(마태 10, 28)

[3] 신약성경에서 영혼은 목숨과 마음의 뜻인 그리스어 프시케(psyche)를 말합니다. "각 사람의 영혼은 하느님께서 직접 창조하셨고 불멸한다."(가톨릭교회 교리서 366항) "죽음으

죽을 지경이다."(마태 26, 38) "육신은 죽여도 영혼은 죽이지 못하는 자들을 두려워하지 마라."(마태 10, 28) "목숨을 부지하려고 무엇을 먹을까, 무엇을 마실까, 또 몸을 보호하려고 무엇을 입을까 걱정하지 마라."(마태 6,25) "사람의 아들도 섬김을 받으러 온 것이 아니라 섬기러 왔고, 또 많은 이들의 몸값으로 자기 목숨을 바치러 왔다."(마태 20, 28) "정녕 자기 목숨을 구하려는 사람은 목숨을 잃을 것이고, 나 때문에 자기 목숨을 잃는 그 사람은 목숨을 구할 것이다."(루카 9, 24) "나는 마음이 온유하고 겸손하니 내 멍에를 메고 나에게 배워라. (마태 11, 29) "이제 제 마음이 산란합니다. 무슨 말씀을 드려야 합니까? '아버지, 이때를 벗어나게 해 주십시오.' 하고 말할까요?"(요한 12, 27)

성경의 영혼[4]은 인간의 가장 내밀한 곳을 말합니다. 가톨릭교회는 인간의 영적인 근원을 영혼이라고 가르칩니다. 인간은 영혼을 통해서 하느님의 모습을 지니게 됩니다. 그러나 성경은 인간이 하느님을 보고 싶어 하지만 볼 수 없다고 말합니다. 보이지 않으시는 하느님은 보이지 않는 영혼을 통해서 우리에게 드러내십니다. 영혼은 영의 안테나로서 부끄러움과 강한 책임감보다는 성찰과 식별로 먼

　　로 육체가 분리되어도 영혼은 없어지지 않으며 부활 때 육체와 다시 결합될 것이다."(가톨릭교회 교리서 366항)
4　구약에서 주로 숨 혹은 영혼으로 번역되는 히브리어는 네페쉬(Nephesh)는 몸과 분리된 영혼이 아니며, 육의 대척점으로서의 영이 아니다. 이는 인간 전체를 가리키는 신약의 프시케(psyche)와 같다.

저 자기 자신을 인식합니다. 첫째, 마음과 느낌들을 통해 정서와 영적 감각을 성장시킵니다. 우리가 마음이 편안하고 안정될 때는 언제인가요? 걱정이 없을 때가 아닌가요? 그런 나의 마음을 이해하려면 육체와 영혼으로 이루어진 단일체5 안에서 영혼을 들여다보는 게 중요합니다. 성찰과 식별입니다. 식별은 지성으로 성찰은 생각 그리고 감정과 감각으로까지 들여다보는 것입니다.

영과 영혼의 만남, 고해성사는 '새로움'이라는 선물을 줍니다. 신앙인은 영의 인도하심으로 예수 그리스도를 통해 영혼을 돌보는 고해성사의 은총을 받습니다. 그러므로 영혼을 돌보는 하느님의 은총이 고해성사 안에 가득합니다.

하지만 지금의 고해성사는 자동차 운전 범칙금을 내는 기분이 아닐까 생각됩니다. 고해성사는 영이 보내는 하느님 사랑의 초대장인

---

5 바오로 사도를 시작으로 사막의 교부들과 희랍교부들은 인간을 3중구조의 단일체로 이해했습니다. 본디 그리스도교의 인간은 영과 육의 한 존재로 창조되었습니다. "하느님께서 흙의 먼지로 사람을 빚으시고, 그 코에 생명의 숨을 불어넣으시니, 사람이 생명체가 되었다"(창세 2, 7). 인간은 영육의 존재입니다. 그런데 비가시적인 영과 가시적인 육은 전적으로 전혀 다른 반대의 속성이기에 서로 접촉하려고 보이기도 하고 안보이기도 하는 영혼(생각과 마음)이 작용합니다. 첫째 영(구약의 ruah, 신약의 pneuma 프네우마는 어원이 바람이고 숨이다)은 하느님의 숨으로서 신성입니다. 둘째 몸은 소마(soma)입니다. 셋째 혼은 프시케(psyche)입니다. 프시케는 소마와 프네우마를 연결하는 인간의 영혼입니다. 이를 그리스 철학은 정신(nous), 성경은 마음 혹은 생명, 한국문화는 혼이라고 말합니다. 그런데 삼중 구조들의 조화로운 균형을 이루는 삶이 그리스도교 영성생활, 수덕생활입니다. 그러므로 영성생활에서 영혼 돌봄의 목표가 영혼 해방과 구원이고, 이는 몸의 거룩함과 영의 신성함과 분리되지 않는 영혼의 삶을 말합니다.

데, 경범죄의 즉결심판을 받는 느낌을 가지고 있는 듯합니다. 고해성사는 영혼을 돌보는 영의 은총을 가득히 받는 순간입니다. 그러므로 우리의 인생과 신앙생활에서 마치 자동차 정비와 도로 점검을 정기적으로 하는 것처럼, 하느님은 나 자신을 성찰과 식별로 초대하십니다. 여기 지금 성령께서 고해성사를 통하여 몸 그리고 마음과 생각의 영혼을 돌보면서 살아가도록 이끌어 주십니다.

영혼의 결정은 충분한 경청과 담화로

우리는 일상에서 어떤 결정을 할 때 여전히 선착순과 다수결로 하는 경향이 있습니다. 이것은 사람을 올바로 존중하지 않고, 성장하지 못하게 하는 방법 가운데 하나입니다. 요한복음 5장을 보면, 38년 동안 자유롭게 벳자타 못에 들어가지 못해 고통스러워하는 중풍 환자를 만납니다. 일정 시간이 되면 문이 닫혀 선착한 자가 먼저 그 못에 들어가는 광경인데, 약자에 대한 기본 배려가 없어 보입니다. 주님은 중풍 환자에게 "건강해지고 싶으냐?"(요한 5, 6) 하고 물으시며 충분히 그의 말에 경청하십니다. 오랫동안 세상의 외면 속에 버림받았던 그의 삶을 깊이 이해하시면서 말입니다. 고통 속에 그 환자는 물속에 들어가지 못한 일종의 신세 한탄을 주님께 늘어놓았습니다. "선생님, 물이 출렁거릴 때에 저를 못 속에 넣어 줄 사람이 없습니다. 그래서 제가 가는 동안 다른 이가 저보다 먼저 내려갑니다."(요한 5, 7) 주님께서는 "일어나 네 들것을 들고 걸어가라"(요한 5, 8)는 말씀으로 지금까지의 갇힌 삶을 떠나 해방과 자유의 길로 중풍 환자를 초대하십니다. 중풍 환자는 치유되었고 그와 반대로 예수님께 불편한 심기를 드러냈던 유다인들은 안식일 법이라는 규범을 내세우며 오히려 치유의 기쁨을 함께 누리지 못하고 그분을 박해하기 시작합니다.(요한 5, 16) 주님께서는 중풍 환자의 말을 충분히 경청하고 대화를 한 결과 그렇게 오랜 세월 동안 못에 들어갈 수 없었던 그에게 '생명의 물'이 되어주셨습니다.

영적 지도자가 내담자와 나누는 담화는 단지 위로만 주지 않습니다. 예를 들어, 수도 공동체를 떠나가는 사람은 장상에게 할 말이 많고 대화가 쉽게 끝나지 않습니다. 나도 신학교에서 사제성소를 포기한 학생의 이야기를 들을 때, 겸허한 마음으로 경청하였습니다. 이런 짧은 대화조차, 모든 신뢰를 품고 경청하는 장상에게는 커다란 무게를 지게 합니다. 이는 어느 경우든 영혼의 결정을 위해서 싸워서는 안 된다는 의미입니다. 인간적인 많은 문제는 특히 하느님과 나누는 경청과 대화 그리고 친밀한 만남에서 해결 방안이 나옵니다.

영신수련에서 사악한 영들은 고해자들이 훌륭한 고해 사제, 영적 지도자에게 그것을 밝히면 무척 원통해합니다. 이로써 그의 뻔한 속임수들이 드러나게 되고, 자신의 흉계대로 이루어지지 않기 때문입니다. 성실하게 훈련된 영혼 돌봄을 위한 영적 수련은 외적 실천에서 내적 실천으로 가는 총체적 여정입니다. 외적 실천은 봉사와 단식 그리고 내적 실천은 대화와 기도로 이루어집니다. 그러므로 삶의 외적인 목적을 추구하고 달성해도 내 삶과 만나는 내적인 목적을 찾아야 합니다. 깨어나는 삶에서 내적인 목적을 발견합니다. 내면의 가치는 영혼 곧 생각의 진실과 마음의 진심이 복음 말씀 안에서 서로 만나 이루어집니다. 그래서 복음의 예수 그리스도를 통해 진심과 진실이 만나는 영혼 돌봄의 삶이 이루어지는 것입니다.

영혼 돌봄은 우선 경청입니다

생각 자체는 직접 죄는 아니지만, 어떤 불편하고 부정적인 의견이나 암시가 될 수 있습니다. 그런데 생각으로만 그것이 남으면 괜찮습니다. 암시는 악의 유혹에 훨씬 더 노출되지는 않기 때문입니다. 하지만 선을 행하려는 계획에서 빗나간 생각의 조절과 충고가 필요합니다.

영성생활의 첫 단계에서 신앙인은 외적인 실천과 공동 규범 그리고 계명의 준수에 집중하고, 고해성사를 주로 봅니다. 둘째 단계에서 내적인 실천, 생각, 느낌, 감각을 바라보며, 내적으로 몰입하고 훈련합니다. 그래서 영성생활의 목적인 다양한 움직임들을 구별하고 선택하며, 조절하는 방법을 배웁니다. 수도자들 가운데 어떤 이들은 항상 수첩에 생각과 마음의 상태를 기록합니다. 이는 자신을 보호하고, 점검하기 위한 것으로, 영적 식별과 동반과 함께 배웁니다.

영적 동반은 고해성사로 만나는 영적인 예술입니다. 인격적인 동반, 곧 영혼 돌봄을 학습하기 때문입니다. 고해성사 때 항상 같은 죄를 고백하는 것이 보통입니다. 이는 새로운 죄는 안 지었다고 안도할 수 있지만, 자신이 고해성사로 내적 여정의 영혼 돌봄에 초대받은 기회로 보아야 합니다. 우리는 고해성사를 통해 영혼을 돌볼 수 있습니다. 늘 동일한 죄를 고백하는 것은 영혼 안에서 내적인 움직임이 일어나도록 영의 식별과 성찰의 여정에서 많은 도움을 받을 수 있습니다. 성경을 읽고 이해하는 목적이 하느님의 이야기에 자신과 세상을 비춰보며 현재의 환경을 느끼게 하는 것같이, 우리는 순간 순간 영에 이끌려 영적 동반의 수련을 지속적으로 하도록 초대받습니다. 먼저 평범한 일상생활에서 떠오르는 생각을 바라보고 표현하며 식별하는 체험을 합니다.

수도원장 성 테오도로는 이콘 성화 앞에서 매일 저녁 머무르는 시간을 가지며 피곤해 하지 않았습니다. 그는 저녁기도를 드린 다음, 공동체의 수도자들의 생각을 경청하기 위해서 성당의 같은 장소에서 형제를 늘 기다렸습니다. 이처럼 기도와 경청이 완덕의 최고 지점이라면 로욜라의 성 이냐시오는 기도와 경청을 최소한의 규칙으로 정하고 있습니다. 공동체의 장상 혹은 부모가 가족 구성원들의 이야기를 경청하는 것이 매우 중요합니다. 듣는 것도 중요하지만, 이해하는 것 또한 더욱 중요합니다. 로욜라의 성 이냐시오는 모든 수도자와 양성된 협력자가 일 년에 한번, 또는 다른 때에 장상과 함께 좋은 시간에 의식 성찰에서 하듯이 각자의 양심을 신앙 안에서 또는 마음 깊은 곳 혹은 다른 방법으로 드러내도록 준비한다고 규칙에서 말합니다.

영적 성장을 이룰 수 있는 방법은 어떤 것일까요? 영적 성장의 기본은 대화입니다. 영적 성장은 사람과 대화하는 것을 통해서 이루어지고, 영적 성숙은 기도 곧 하느님과의 대화를 통하면서 영적인 성장과 성숙이 이루어집니다. 아이들은 잘 먹으면 몸이 성장하고 대화하며 정신적 성장을 합니다. 톨스토이의 소설, [안나 카레니나](1978)에서 안나와 브론스키의 사랑은 성장하지 않는 사랑이었기에, 그녀는 브론스키를 처음 만났던 역에서 기차에 몸을 던져 생을 마감합니다. 하지만 브론스키를 안나에게 빼앗기고 레빈과 결혼한 키티, 그 부부는 서로가 성장하는 대화와 성숙한 기도를 잘하는 부부애의 내적인 표본을 톨스토이는 소설로 그렸습니다. 기도는 몰입과 성숙, 그리고 대화는 집중과 성장의 뿌리입니다.

영혼을 들여다보기, 성찰

자세히 보아야 성찰이다

성경은 만남의 선물로 가득 차 있습니다. 하느님께서 이스라엘 백성뿐 아니라 우리를 선택하신 것도 만남입니다. 내가 선택하지 않고, 하느님이 나를 선택하신 것, 그것이 중요합니다. 이제 우리 자신이 응답할 차례입니다. 그러나 너무 걱정하지 말아야 할 것은 만남의 중요한 가치가 사랑이기에, 하느님께서는 나에게 선택만이 아니라 사랑을 부어 주셨습니다.

어느 여가수의 노래 중에 '남자는 배 여자는 항구'라는 제목이 있습니다. 하느님은 나에게 배와 같고, 나는 항구입니다. 하느님은 배로써 항구인 나에게 항상 먼저 오십니다. 먼저 사랑하시고 먼저 용서하시는 분이십니다. 성경에 따르면 하느님께서 늘 먼저 인간에게 오시지 인간이 하느님께 가지 않습니다. 우리에게 오신 하느님은 영적 동반자로서 함께 하십니다.

고해성사 역시 이처럼 내 마음과 생각, 곧 영혼의 문을 활짝 열어놓고 하느님을 기다리는 거룩한 항구입니다. 우리는 거룩한 영혼의 항구에서 지속적이고 체계적인 영혼 돌봄 수련인 성찰로 따뜻하고 친절한 영적 동반을 경험할 수 있습니다. 그러므로 성찰은 자신의 몸 그리고 마음과 생각의 영혼을 들여다보도록 합니다. 고해성사를 준비하는 성찰은 자신의 생각과 말과 행동 그리고 자주 의무의 소홀함[6]을 잘 들여다보게 하는 영의 초대입니다.

특별히 이 책 [영혼 돌봄]으로 수련을 받은 사제와 수도자들 그리고 영성 생활에 깊은 관심이 있는 경험자들, 그들이 영적 동반자[7]로 봉사할 수 있습니다. '영혼 돌봄'을 위한 고해성사는 마치 인간을 찾아오시는 '하느님의 종말 심판' 곧 예수님의 두 번째 오심인 재림의 날을 준비하는 순간으로 이해될 수 있습니다. 하지만 이는 멸망심판이 아니라 하느님 사랑의 구원을 위한 심판입니다.

그런데 종말에 대한 복음 말씀이 사람에게 어떤 감정을 줄까요?

---

6 미사의 시작예식 참회 부분에서 고백기도를 바친다.
7 필자는 [영혼 돌봄]의 책이 출간되고 사제, 수도자, 영성생활에 깊고 체계적인 경험을 한 교우를 대상으로 '영혼 돌봄'으로 동반하며 상담을 시작하려고 한다.

불안이나 두려움입니까? 그 두려움은 재앙과 환난 때문인가요? 시험이 두렵고 불안한 이유는 문제와 답을 모르기 때문일 것입니다. 그렇지만 복음이 말하는 재앙과 환난은 매우 내면적인데, 거룩한 곳이 더 이상 거룩하지 않게 되는 것을 의미합니다. 영혼도 그렇습니다. 더 이상 그 마음과 생각이 맑고 거룩하지 않을 때 재앙이 됩니다. 거룩한 성당과 종교가 더 이상 거룩하지 않은 때가 재앙이 된 것을 성찰하듯이, 내 안의 거룩한 곳, 영혼의 생각과 마음이 하느님, 예수 그리스도, 성령과의 만남으로 맑고 거룩하게 됩니다. 이처럼 영혼은 하느님과의 만남을 통해 자비와 용서로 맑고 향기롭게 되며, 예수님을 통해서 새로워집니다.

프란치스코 교황님께서 말씀하십니다. 선행을 하지 않는 것은 악한 일입니다. 미워하지 않는 것으로는 충분하지 않습니다. 용서해야 합니다. 원한을 갖지 않는 것으로는 충분하지 않습니다. 원수를 위해 기도해야 합니다. 분열의 원인이 되지 않는 것으로는 충분하지 않습니다. 평화를 전해야 합니다. 다른 이들을 험담하지 않는 것으로는 충분하지 않습니다. 험담을 중단 시켜야 합니다. 거짓말, 속임수, 혐오는 가짜 행복, 죽음의 문화, 현실 도피입니다. 악에 맞서지 않는 것은 악을 키우는 일입니다. 프란치스코 교황님은 이처럼 세상의 성화와 정화 그리고 정의와 평화의 길로 그리스도인들을 안내하십니다. 이 길을 함께 걸어가는 우리가 따뜻하고 친절한 영혼 돌봄 동반자로 초대받은 것입니다.

고해성사는 사람을 미워한 죄를 고백하기보다는 사랑과 평화와 의로움을 향하여 나아가는 영혼 돌봄이고 영적 동반입니다. 고해성사는 용서하시는 주님의 영을 만나는 것인데, 먼저 영혼을 들여다보면서 자신을 알아가야 합니다. 고해성사 준비를 위한 성찰과 식별은 영혼이 영을 만나는 수련이고, 그 목적지가 사랑입니다. 우리는 고해성사로 따뜻하고 친절한 영적 동반자를 만나서 영혼 돌봄을 받을 수 있습니다.

성찰과 식별

강대국에 둘러싸인 대한민국이 이룬 고속성장의 원동력은 '공부'와 '종교심'일 겁니다. 이 두 가지를 실행한 방법론은 문제도 많이 일어났지만, 긍정적으로 보면 '조직적인 빨리빨리'였습니다. 종교심이 한반도에 남겨준 영적인 가치들이 있는데 이는 개인이 부처가 되는 불교의 성불(成佛), 가족과 국가 그리고 세상의 사랑을 지향하는 유교의 인(仁)정신(克己復禮), 그리고 그리스도교의 이웃을 향한 폭 넓은 사랑(博愛)입니다. 영혼 돌봄은 그리스도교 영적 가치인 이웃에 대한 큰 사랑을 성찰하고 식별하는 것으로 가능합니다.

그리스도교 영성생활, 곧 영혼 돌봄이 믿음의 성찰과 식별로 가능합니다. 믿는다는 것은 안 보이는 것을 믿는 것입니다. 그런데 지금의 현실은 보이는 것도 믿기 어렵습니다. 하지만 영에 순종하는 사람은 자신을 알아가는 길을 걷습니다. 하느님을 참으로 만나는 사람은 자기 자신을 모를 수 없기 때문입니다.

고해성사를 위한 영혼 성찰은 영혼(마음과 생각)[8]을 들여다보는 것입니다. 들여다본 영혼을 알아차리는 해석은 식별이라고 말합니다. 그런데 영혼을 단순히 마음과 생각으로 구분할 수는 없습니다. 마음은 인간의 가장 중심이며, 마음 안에 생각이 포함될 수 있을 것 같기 때문입니다. 성모 마리아께서도 "이 모든 일을 마음속에 간직하고 곰곰이 되새겼다"(루카 2, 19)고 루카 복음사가는 적고 있습니다.

여기에서 판단은 중지합니다. 그런데 이는 식별을 중지하는 판단이 아니라 자신을 단죄하거나 심판하는 것에 가까운 것을 말합니다. 오직 심판은 하느님의 몫이기 때문입니다. 앞으로 저자가 이 글에서 사용하는 판단 중지는 식별 중지의 뜻이 아닌 심판과 단죄의 중지를 말하는 것입니다. 그러므로 식별은 어떤 기준을 토대로 하여 마음과 생각을 자세히 살핍니다. 하느님의 말씀과 영이 기준입니다. 영혼의 마음과 생각이 말씀을 거울삼아서 어떻게 특별히 일어나는지를 살펴보는 관찰입니다. 영혼의 깨어있음을 발견하는 것입니다.

---

[8] 생각에 대한 것도 단순하지 않습니다. 토마스 아퀴나스에 따르면, 생각은 세상의 인식, 어떤 개념, 관념, 이론, 판단 등으로 만드는 정신적인 활동인 '생각하는 기능'을 말하기도 하고, 인간의 정신 안에 생겨나고 이를 통해 주변에서 발생하는 사실에 대한 인식을 습득하게 되는 '이미지'나 '표상'을 지칭하기도 합니다.

세상은 물질의 행복보다 깨어남을 위해 존재하기 때문입니다. 세상, 사람, 사건을 바라보고 마음과 생각에서 일어나 움직이는 것에 영의 눈을 뜨는 것을 말합니다.

한국인은 마음이 깨어있음, 서양인은 생각의 성찰을 하는 관습을 가집니다. 물론 영혼의 관찰을 딱 잘라서 한국의 마음 훈련, 서양의 생각 훈련이라고 단언할 수 없지만, 그런 경향이 일어나는데, 이는 둘 다 더욱 필요한 모습으로써 각각 마음의 깨어남과 생각의 성찰에 힘써 균형을 이뤄야 합니다. 사목현장에서 영혼 돌봄을 위한 영적 동반 보다는 심리상담과 영성심리상담이 주류를 이루는 것은 생각의 성찰과 식별보다 마음 곧 감정의 영역을 다루는 데 친숙한 한국인의 정서와 관습 때문일 것입니다. 그러므로 우리가 만나는 고해성사는 생각의 성찰과 마음의 흐름을 들여다보며 다스리고, 영혼 돌봄을 이뤄가는 영적인 보물이 될 것입니다. 결국 고해성사를 통해 내 생각을 성찰하고 식별하여, 마음속 감정의 열쇠가 자신에게 있다는 것을 확인해야 합니다. 그것을 상대에게 주지 말아야 합니다.

사랑 안에 두려움은 없습니다

사랑의 진실

'눈에는 눈, 이에는 이'는 준 만큼 되갚는다는 구약의 가치로 탈리오 법칙, 동태복수법입니다. 그리스도인의 인생 규범에서 완전히 전복되는 원리가 있는데, 바로 신약의 가치, 사랑(caritas)입니다. 돌려받으려고 하지 말고 그냥 주는 것입니다. 이같이 그냥 사랑하는 것은 부모의 사랑에서 발견되는데, 여기에 사랑(caritas)의 가치가 기본적으로 들어 있습니다.

예수님께서는 원수를 사랑하고, 자신을 미워하는 자에게 잘해주며 저주하는 자에게 기도해 주라고 하셨습니다. 그리스도인이 세상을 움직이고 살아가려면 하느님의 뜻인 사랑(caritas)으로 살아가야 합니다. 상대방이 원하는 것을 하는 것도 중요하지만, 상대가 원하지 않는 것을 하지 않는 것(마태 7, 12), 특히 상대가 싫어하는 것을 하지 않는 이것이 더욱 중요한 사랑입니다. "남이 너희에게 해 주기를 바라는 그대로 너희도 남에게 해 주어라."(루카 6, 31)

그리스도인들이 카리타스의 사랑을 따르면 하느님과의 사랑 뿐 아니라 사람들과의 관계에서도 성숙한 사랑을 배우게 됩니다. 그 가치와 법 속에 자비 곧 사랑(caritas)의 지향이 들어있습니다. 누구도 판단하지 말고, 단죄하지 말며, 나쁘게 생각하지 말아야 합니다. 그 순간 일상 대화 속에서 사랑(caritas)이 존재합니다. 우리는 마음의 감정을 먼저 느끼고, 그다음 원의를 이야기 합니다. 이처럼 탈리오의 법칙대로만 살면, 폭력의 상승을 막을 수 있지만, 사람은 나약한 존재, 감정과 몸의 욕망을 지닌 존재이기 때문에 내 자신이 분노와 저주 자체가 되어 대상을 공격해 버릴 가능성을 늘 지니고 있습니다.

그러므로 하느님의 사랑인 카리타스를 마음에 품고 있으면, 분노와 저주와 학대와 두려움들을 포용하면서 우리의 인생길에서 하느님 축복의 지름길로 가는 길을 발견할 수 있을 것입니다. 그리스도인의 사랑(caritas)은 그냥 주는 것입니다. 곧 아가페의 사랑, 자기 증여(self giving)입니다. 율법의 중심에 있는 하느님의 사랑을 마주하면 자비도 만납니다. 자비란? 누구도 판단하지 않고, 단죄하지 않으며, 용서하는 것인데, 그 순간 삶의 모든 가치를 포용할 수 있습니다. 은총의 새로운 지평이 열리는 차원을 말합니다. 혀는 길들일 수 없지만, 사랑의 감정을 먼저 말하고 원하는 것을 말하는 훈련을 하면 카리타스 사랑을 만나게 됩니다. 그 때 상대가 싫어하는 것을 하지 않는 사랑이 이루어지게 됩니다.

애착과 집착이 사랑일까요? 깊은 보살핌이 사랑이죠. "누구든지 자신을 높이는 이는 낮아지고 자신을 낮추는 이는 높아질 것이다."(마태 23, 12) 주님 의로움의 기준은 어떤 것일까요? 의로움의 기준은 자신을 높이는 것이 아닌 자신을 있는 그대로 주님께 의탁하는 것입니다. 몸과 영혼과 영으로서 자신과 내면의 소통을 하고 접촉을 하면 세상과도 접촉할 수 있는데, 이는 과거를 존중하되 과거의 영광이든 잘못이든 그것에 빠지지 말고, 지금 이 순간에 좋은 생각과 남을 위해 좋은 일을 하는 것이 현재 나를 살게 한다는 것입니다.

내 의식은 내 존재를 비추는 빛입니다. 나를 바라보는 것은 감각 위의 마음과 마음 위의 지성, 지성 위의 영인 사랑을 바라보는 것입니다. 영은 무엇인가 원하고 바라지 않고 사랑을 합니다. 사랑 자체가 사랑을 만납니다. 사랑은 사랑을 원하고, 좋아하는 것보다 더욱 순수합니다. 그러므로 애착은 사랑이 아닌 왜곡된 사랑의 감정입니다. 사랑은 애착과 집착보다 더 훨씬 깊은 보살핌입니다. 사랑은 바라지 않고, 있는 그대로의 사랑입니다. 어머니는 자녀에게 아무것도 요구하지 않는 순수한 사랑으로 우리를 지금도 사랑하십니다. 사랑은 감정이 아니라 존재 자체로서 끊임없는 기쁨을 우리에게 줍니다. 바리사이처럼 행위를 봉헌하지 말고, 세리의 기도처럼 아무것도 주님께 바라지 않는 마음을 봉헌할 수 있는 삶이 되기를 바랍니다.

바리사이처럼 스스로 의롭다고 느끼지 말아야 합니다. 이는 오히려 의로움을 가장한 결핍, 열등감, 시기심인데, 돌봄을 받지 못해서 나타나는 두려움입니다. 이 두려움을 피하지 말고, 자기의 내면을 자세히 들여다보면서 영혼을 살피면, 영혼은 자신이 표현하는 감정과 생각이 스스로에게 전하는 삶의 메시지라는 것을 깨닫게 됩니다. 하느님께는 불가능이 없기 때문입니다.

바리사이는 스스로 의롭다고, 세리는 스스로 죄인이라고 고백합니다. (루카 18, 9-14) 의로움의 기준은 자신을 있는 그대로 받아들이고 주님께 의탁하는 것입니다. 그 순간 자기 자신은 몸과 영과 영혼과 계속 소통하며 접촉하게 되고 세상과도 소통할 수 있습니다. 사랑은 아무것도 요구하지 않습니다. 사랑은 끊임없이 기쁨을 선물하며, 그 행위는 주님이 아시니까 그런 마음을 봉헌합니다. 조용한 가운데 의식과 사랑을 확장하며 좋은 생각. 좋은 말, 좋은 일하기를 희망합니다.

사랑 안에 두려움은 없습니다.

영혼을 돌보는 자는 영적 동반의 아버지, 사제입니다. 그러므로 영혼 돌봄은 고해성사에서 영적 아버지가 함께하는 대화 동반으로 가능합니다. 성찰과 식별은 고해자가 하느님을 만나기 위한 준비이자 태도로써 자기 이해를 위한 것입니다. 영혼 돌봄의 시작은 초대 그리스도교로 거슬러 올라갑니다. 믿는 이들이 하느님을 만나기 위해서 철저한 고독과 싸우며 사막과 광야로 나갔고 수도생활이 그렇게 시작되었습니다. 광야는 그러므로 하느님을 만나는 장소인 동시에 유혹이 도사리고 있는 장소입니다.

요즘 심리상담과 영성심리상담이 신자들에게 많은 영향을 주고 있습니다. 이는 우리 신자들이 아프다는 증거입니다. 고해성사를 위한 성찰과 식별은 수도생활에서 경험되고 수련된 풍부한 영적인 이해와 토대로 이루어진 것입니다. 종교 지도자는 누구입니까? 마음을 맑고 향기롭게 일구는 데 도움을 주는 분들입니다. 스님은 선생님, 목사는 목자, 사제는 영적인 아버지입니다.

고해성사는 사제를 통해 주님의 영이 동반하시는 영혼 돌봄입니다. 즉, 영적 성장을 이루는 대화이며, 영적 성숙에 이르는 기도입니다. 대화는 영혼의 생각과 양심을 들여다보고, 성찰은 죄악을 이겨내는 힘, 식별력을 준비합니다.

영혼 돌봄은 적합한 표현과 새로운 언어로 이어집니다. 영의 언어로 이루어지는 대화는 먼저 자신의 영혼인 생각과 마음을 들여다보고 이해하면서 영혼의 가치를 스스로 표현합니다. 이는 영에 순종하는 능력인데, 수련을 받은 영적 동반자, 사제와 수도자의 도움이 필요합니다. 영혼 돌봄을 위한 기본이 대화이고 동반입니다. 대화는 아버지께서 우리를 돌보시는 방법이고 경청은 상대의 생각과 마음을 읽어주는 따뜻함입니다. 성경은 아버지와의 충만한 대화로 깨우쳐 지고, 영혼 돌봄은 식별과 성찰을 통해 마음과 생각인 영혼을 알도록 우리를 통찰의 길로 인도해 줍니다. 영혼 돌봄은 마음과 생각의 유리창, 곧 영혼을 맑게 정화하도록 비추어 주시는 것으로 주님을 바라보며 대화하는 기도입니다.

하느님은 사랑이십니다(1요한 4, 16). 하느님은 영이십니다(요한 4, 24) 그러므로 영은 사랑입니다. 그리스인에게는 아는 것이 완덕이고, 히브리인에게는 믿음이 완덕입니다. 신약성경의 완덕은 사랑입니다. 그래서 그리스도인의 영혼 돌봄은 하느님과 자신을 알고 믿고 사랑하는 것입니다. 자신의 영혼, 생각과 마음을 알고 믿음으로 하느님의 사랑을 만납니다.

고해성사는 자신의 영혼 상태를 심판하지 않고 하느님의 영과 화해하는 자신의 영혼상태를 고백합니다. 영혼의 두려움 속에서는 영, 곧 사랑을 발견하기가 힘듭니다. 하지만 반대로 사랑 안에서는 어떠한 두려움도 존재할 수 없습니다. 영혼 돌봄은 사제를 통해서 고백하는 내 영혼이 하느님의 영에 의해 인도되고, 사랑과 만나는 성사, 화해의 선물이기 때문입니다.

영혼 돌봄, 지금 따뜻하게 치유하고 돌보라!

영혼 돌봄은 먼저 감사한 마음을 지니고 따뜻한 하루를 보냅니다. 그다음, 영께 은혜를 청합니다. 이는 영안(靈眼)과 심안(心眼)이 열려 자신을 바라보도록 청하는 것입니다. 그리고 영혼, 곧 생각과 마음을 들여다봅니다. 마음은 맑고 생각은 향기롭게 그리고 결정적으로 예수님의 말씀을 토대로 식별하여 생각과 마음을 고요히 들여다봅니다. 그다음, 감사하며 자신의 내면 안에서 어떤 마음의 통회가 일어남을 발견합니다. 이는 자신을 바꾸거나 변화하기보다 본디 자신이 아닌 것을 버리는 것입니다. 그래서 작은 결심이라도 마음에 품고 하느님과 대화를 합니다. 끝으로 주님의 기도로 마무리합니다. 교회는 영혼 돌봄을 양심 성찰, 의식 성찰이라고 부르며 고해성사와 영성생활로 안내해 왔습니다. 이제부터 그 영적 여정을 걸어가 봅니다.

인생은 당신에 의해 일어나는 것이지
당신을 위해 일어나는 것이 아닙니다.

    중요한 것은 상대방에게 여백이 있어야 한다고 요구하는 것이 아니라 무언가를 논의할 때 자신에게 여백이 있어야 한다는 것입니다. 내가 깨어남과 함께 직면하는 가장 큰 도전 중 하나는 바로 이것입니다. 적어도 지금은 깨닫고 있지만, 그 습관을 깨는 것은 매우, 매우 어렵다는 것입니다. 하지만 나는 적어도 그 습관을 내려놓지 못하는 핑계를 외부 세계 곧 다른 사람들의 탓으로 던지지 않으려고 노력합니다.

    사실 인생에서 나의 삶은 축복입니다. 그것에 대해 감사합니다. 대부분의 시간을 나는 이렇게 존재합니다. 하지만 내 안의 자아는 어제 더 강했다고 생각합니다. 그런데 이것 또한 자신의 진정한 모습이 아니라고 말하는 방식을 좋아합니다. 그래서 나는 항상 내 마음의 자아를 통해 자신을 찾으려고 노력하고 있지만, 항상 동일한 오래된 막다른 골목, 즉 고통으로 나를 이끌곤 합니다. 하지만 내 마음이 만들어낸 정체성 곧 나의 이야기를 외면하지 않으려고 다짐합니다. 곧 내 이야기에 붙은 감정이 너무 현실적인 것처럼 보이지만, 인생은 나에 의해 일어나는 것이지 나를 위해 일어나는 것이 아니라고 믿고 있습니다.

눈을 떠보실래요?

눈뜨기, 영혼을 들여다보다.

영혼을 온전히 들여다보려면, 우선 내 안에 존재하는 영의 불꽃이 타올라 내 영혼을 비추어야 합니다. 이것을 영의 조명, 영의 성찰, 영의 식별이라고 말하는데, 그 불꽃이 내 안에서 타오르는 그 순간, 영혼이 환해지면서 자신을 들여다봅니다. 그때 내면에서 영의 눈뜨기가 시작됩니다. 그러나 잠깐 여기서 지켜야 할 원칙이 있는데, 그것은 자신을 누구와 비교하거나 자신을 판단하지 말아야 합니다.

눈뜨기는 3단계로 이루어집니다. 성찰과 식별 그리고 참회입니다. 이는 미사 시작 부분에서 3단계로 이루어집니다. 사제는 + 형제 여러분, 구원의 신비를 합당하게 거행하기 위하여 우리 죄를 반성합시다. "전능하신 하느님과 형제들에게 고백하오니 '생각과 말과 행위'로 죄를 많이 지었으며"하고 미사 참례 교우들이 고백합니다. 이는 모두 영에 이끌려 진행됩니다. 하지만 성찰은 내가 시작하는 작업으로서 자신을 구체적으로 바라보는 것이고, 식별은 어떤 기준을 가지고 자신을 바라보는 것이며, 참회는 바라봄의 마지막 단계로서 성찰의 자기 탐색과 식별의 자기 통찰 곧 알아차림으로 진행됩니다. 결국 참회(懺悔)는 죄를 부끄러워하며 뉘우치고 용서를 구함으로써 하느님의 사랑을 만나는 것이라 하겠습니다.

성령께서 인도하시는 식별과 인지의 여정에서 곧 내 안의 영과 그 뜻이 유사한 단어를 선택한다면, 양심 또는 의식 그리고 생명입니다. 이는 사랑인데, 영의 눈뜨기는 믿음의 눈을 여는 것입니다. 예수님의 옷자락에 손을 대어 치유된 혈우병의 여인과 자기 노예를 살리려고 간절히 예수님을 바라보는 백인대장의 사랑의 눈을 말합니다. 그런 영의 눈을 뜨면, 생각의 시선과 마음의 느낌을 봅니다. 반면 빌라도, 카야파와 한나스도 주님을 바라보았지만 영과 진리를 알아보지 못하는 아무 소용이 없는 시선이었습니다.

성령께서 인도하는 내 영의 눈뜨기가 맑은 생각이 보는 진실 그리고 향기로운 마음이 느끼는 진심을 알 수 있게 해줍니다. 그래서 영혼 속 나쁜 생각을 걸러내 불안한 마음을 흐르게 합니다. 영과 함께 영혼을 관찰하고 영의 사람으로 거듭나는 여정(양심 성찰, 의식 성찰, 영의 식별)의 주된 목적은 '악을 간파하기'인데 이를 영의 식별이라고 말합니다.

영적 식별은 하느님의 영을 통해 그리스도와 일치한 사람이 영적으로 식별하는 것입니다.(마누엘 루이스 후라도, 영적 식별, 37쪽) 그런데 영적 식별의 대상은 나 자신을 제대로 바라보는 것만이 아니라 세상의 모든 것입니다. 그러므로 식별은 성령께서 나 자신을 제대로 보도록 도와주신다는 뜻으로 이해됩니다. 물론 내가 바라보지만 말씀의 기준과 성령에 이끌려 그렇게 됩니다.

그러므로 영혼 돌봄은 자기 영혼의 치유를 지향하기 때문에 영의 식별을 통하여 자신을 들여다보는 고해성사는 주님의 혼인잔치에 들어가는 초대장이고, 관찰된 내 영혼을 고백하는 거룩한 공간입니다. 그래서 고해성사에 임하기 전에 자신을 깊이 들여다보는 것은 매우 중요합니다. 그런데 나는 평소 타인의 태도나 삶은 잘 들여다보고 판단하지만, 자신의 영혼을 들여다보는 것에는 익숙하지 않아 보입니다. 그러므로 고해성사를 위해서 영의 식별을 해야합니다.

곧 내 생각과 마음의 영혼을 관찰하되 그리스도의 시선 곧 말씀의 기준을 가지고 하는 것입니다. 고해성사는 내 생각과 마음의 영혼을 관찰하되 그리스도의 시선 곧 말씀의 기준을 가지고 하는 것인데 이를 영의 식별이라고 가톨릭교회는 말합니다.

생각을 거르고 다듬는 분별,
마음이 흐르게 하는 달램

마음을 씻고 영혼을 돌보는 고해성사를 위해 우선 고해자는 다음과 같은 성찰을 합니다.

"그 많은 죄 또 지나온 잘못을 고해소에 들어가 예수님의 대리자이신 신부님께 죄다 고백할 수 있으니 얼마나 행복한가? 언제 그분이 과거를 물으시던가? 언제 그분이 왜 그딴 짓 했냐고 꾸짖기라도 하시던가?"

예수님이 십자가에 매달려 계실 때, 두 사람의 강도가 똑같이 옆에 매달려 있었다는 사실을 다 잘 알고 있습니다. 한 도둑은 예수님께 빈정댑니다. 다른 도둑은 또 이렇게 말합니다. "예수님, 선생님의 나라에 들어가실 때 저를 기억해 주십시오."(루카 23, 42) 하는 그 고백에 예수님께서는 "너는 오늘 나와 함께 낙원에 있을 것이다."(루카 23, 43) 하고 말씀하십니다.

주님께서는 "너 강도짓 했지? 너 사람 여럿 죽였지?" 라는 그 어떤 말도 묻지 않으시고 단 한 번의 용서를 청함에 그의 온 삶을 받아주십니다. 정작 우리는 고해소에 들어갈 때 지은 죄 때문에 고개를 떨구고 혼이 나지 않을까 하는 두려움으로 가득한데 말입니다.

예수님께 있는 그대로의 생각과 마음을 표현합니다. 사실 성찰은 죄의 고백 이전 생각의 고백을 하는 것입니다. 예수님은 구원은 빠르시고 단죄는 더디게 하십니다. 왜냐하면 용서하시기 위해서입니다. 착한 강도의 고백은 양심 성찰의 표본이 됩니다. 강도에게 그의 고백은 첫 기도이자 마지막 기도였습니다. 이 강도는 행운아이기에 부러운 마음마저 듭니다.

제가 대학생 때 참여한 창세기 연수 마지막 날, 마음의 회개가 일어나 고해소 앞에서 기다리는데 갑자기 그 안의 신부님이 큰소리로 욕설을 하며 "그런 죄를 짓고 살았냐! 이 나쁜 놈아!" 하는 호통소리에 놀라 고해성사를 보지 않았던 기억이 납니다. 영혼을 돌보기보다 영혼을 다그치는 모습처럼 느껴졌기 때문입니다. 그러므로 우리가 성찰을 배워 고해성사를 준비하면 두려움을 갖지 않고 부담 없이 고해성사를 볼 수 있습니다. 면도와 화장을 할 때 거울을 보듯이 나의 영혼, 생각과 마음도 예수님의 말씀에 비추어서 단죄하거나 판단하지 않고 자신을 들여다보면 됩니다. 고해성사를 받고 하느님의 이름으로 죄를 용서받아 신부님의 말씀을 듣고 나오면 깃털처럼 가벼워진 몸과 마음을 체험하게 되고 일상을 기쁘게 살아가게 됩니다.

이처럼 고해성사는 성찰을 통해서 주님의 초대에 응하도록 인도하는 은총입니다. 그래서 고해성사는 주님의 혼인 잔치에 참여하는 초대장인데, 초대받은 이가 차려입고 가는 예복은 무엇일까요? 예복은 바로 자신을 잘 성찰하는 것입니다.

부정적인 감정을 이겨내려면?

영혼 돌봄은 성찰과 식별을 통해 내 영혼 안의 사고와 감정을 자세히 들여다보며 관찰합니다. 곧 양심 성찰 혹은 의식 성찰을 하면서 영혼을 탐색하고 통찰합니다. 영혼 돌봄은 성부 아버지의 뜻대로 성령에 이끌려 예수님과 함께 대화하는 동행과 동반의 고해성사를 통해 이루어집니다. 영혼 속의 생각과 마음을 들여다보고 읽어줍니다. 이는 하느님의 눈으로 생각의 시작과 마음의 감정을 알아차리는 것인데, 그 마음 안에서 반응하는 분노, 집착, 게으름과 같은 부정적인 감정 혹은 기쁨, 희망, 위로, 자유의 감정을 발견합니다. 또한 마음이 만나는 생각과 사고(思考)가 만나는 감정도 발견하게 됩니다. 더욱 신기한 것은 흉몽이나 부정의 무의식을 몰아내는 길 역시 그 순간 발견할 수 있습니다. 그 여정이 바로 사랑의 주파수를 맞추고, 영을 수신하는 지성의 활동입니다. 결국 영의 안테나인 지성의 활동으로 들어오는 지혜의 생각을 통해 사랑의 영이 들어옵니다.

이 순간, 생각을 거르고 다듬고 선택하는 주인과, 감정을 다독이며 다스리고 흐르게 하는 주인이 자신의 영혼이라는 것을 알아차립니다. 그러므로 그 영혼은 육에서 오는 죽음의 생각이 아니라, 영에서 오는 생명의 생각을 알아차립니다. 그 순간 내 안의 괴로움과 불안이 어디에서 오고 있는가를 알아차리게 됩니다. 그것은 자신이 아니라 남의 탓을 하는 영혼 곧 그 자아의 생각과 마음에서 서서히 올라와 발생합니다. 그런 마음에서 벗어나기 위해서는 성령에 이끌리면 충분합니다. 영이 바로 사랑이고 용서이기 때문입니다. 용서는 자기 사랑의 최고 행위입니다. 땅에서 일어나는 가장 작은 용서의 씨가 이곳만이 아니라 천국에서 큰 열매를 맺습니다. 혹시 그 열매를 방해하는 두려움과 걱정 그리고 불안을 생각하시나요? 그것을 내 안의 영, 사랑에 고백하여 보세요. 주님께서 사랑과 연민으로 나를 완벽하게 치유해 주십니다. 그러므로 자신에게 최강의 치유와 최고의 에너지는 사랑과 연민이라는 영의 속성인데, 그것은 이미 내 안에 존재합니다. 그런데 나를 완전하게 깨어나게 하는 영적인 각성은 참으로 사랑하는 그 순간 일어납니다. 예를 들어 한 번 부정적인 생각이 일어날 때, 긍정적인 생각 세 번으로 방어해 보세요. 용서와 사랑의 기적이 일어납니다.

그러면 부정적인 감정을 이겨내려면 어떻게 할까요? 그냥 그 감정을 놔두는 것이 아니라 그 감정을 인정하고 받아들이면 충분합니다. 그러면 치유라는 선물이 천천히 당신에게 도달합니다. 사실 우리의 감정과 생각 사이의 연결을 인지할 필요가 있습니다. 고통은 상황 때문이 아니라 현재를 지배할 수 없는 과거의 생각에서 일어납니다. 많은 이들이 이런 종류의 고통과 생각의 고통에 노출되어 있고 그 때문에 매우 힘들어합니다.

약혼남이 약혼녀의 동의를 구하고 어릴 적에 성당에서 알았던 친구들을 초대하였습니다. 친구들 가운데는 여자 친구들이 많았습니다. 약혼녀는 이 모임을 동의했는데도 질투심 때문에 마음이 불편했습니다. 그런 자신을 책망했지만 시기심에 사로잡힌 것입니다. 이럴 때, 약혼남이 당신도 찬성하지 않았느냐며 약혼녀를 비난하는 것은 아무런 의미가 없습니다. 그녀가 질투심을 자책하는 것도 마찬가지입니다. 약혼녀는 솟아오르는 감정 앞에 자신이 무력하다는 사실을 겸허히 받아들여야 합니다. 바로 그 순간 사랑의 빛이 자신을 비추며 그 시기심에 이끌려 내면에 들어가게 되고, 질투하는 감정의 표층 속 영혼에 사랑이 있다는 것을 만나게 됩니다. 마음속 고요히 움직이는 사랑을 만나면 질투심은 힘을 잃어버립니다. 감정의 영역에 있는 질투심은 그보다 깊은 영혼의 바탕에 존재하는 사랑을 만나게 됩니다. 어떤 부정적인 감정도 우리 내면의 주인인 사랑이 깃든 그곳에는 발을 들이지 못합니다.

사실, 심리적으로 보면 부정적인 감정이 사람에게는 없다고 말합니다. 모든 감정은 각자에게 무언가를 가르치고 메시지를 주고 있는 것입니다. 마음에 감정이 노크를 하고 있는 것이죠. 진정으로 자신의 마음과 삶을 변화시키기 위해서는 단순히 생각을 바꾸는 것이 아니라 마음의 변화가 필요합니다. 그러나 계속 남을 탓하고 남의 변화를 기대하며 생각만 한다면, 그것이 마지막이 될 것입니다. 나에게 너무 많은 고통과 슬픔을 안겨줄 일이 생긴다면, 그 결심을 스스로 증명하기 위해 또 다른 시나리오를 만들게 될 것입니다. 남과 화해하기 위해서는 우선 나 자신과 먼저 화해할 수 있어야 합니다. 그래서 모든 감정은 부정적이기보다 자신에게 건네는 마음의 두드림을 알아달라는 노크입니다.

영혼 돌보미, 영적 동반자

영적 동반자, 예수님을 만나다

한국 가톨릭교회의 대다수 신자는 본인의 의지와 상관없이 부모님의 신앙이 유산처럼 내려와 믿음생활을 합니다. 그래서인지 자신의 인생에서 만난 예수님에 관해 말하고 증거 하기를 어려워합니다. 예수님을 만난다는 것은 무엇을 의미할까요? 예수님의 생각과 마음과 행동을 경험하는 것입니다. 예수님의 마음은 온유하고 겸손하십니다. 그리고 예수님의 행동하는 삶은 용서와 섬김의 사랑인데, 주님은 희생의 헌신, 십자가에서 자신을 봉헌하셨습니다. 예수님의 생각은 모두가 하나가 되는 친교와 일치에 있었습니다. 그러기에 모든 일에서 주님은 긍정하며 칭찬의 언어를 사용하셨습니다. 주님은 무상의 선물, 용서와 유언의 말씀, 서로 사랑하는 새 계명을 전하셨습니다. 그러므로 우리가 예수님을 만난다는 것은 예수께서 살아가신 이와 같은 그분의 마음과 행동과 생각의 복음을 전하는 것입니다.

성찰은 무엇을 실행했느냐 안 했느냐에 집중하지 말고, 내 영혼의 상태, 내적 상태를 진단하고 점검하는 것입니다. 필자가 보좌신부 시절 꼬마 신자가 고해소에 급하게 찾아와 "신부님, 사는 게 죄에유." 하는 고백에 놀란 적이 있습니다. 어린이가 그렇게 고백하는 모습이 무척 안타까웠습니다. 저 또한 고해소 안의 교우가 "신부는 죄인에게 강복하소서"하는 기도문을 바칠 때 속으로 '내가 죄인인데' 하는 마음이 들면서 반성도 합니다.

그러므로 우리는 먼저 영혼이 건강한지 마음이 아픈지 문진하며 점검하기 위해 성찰을 합니다. 성찰한다는 것은 자신의 내면을 섬세하게 잘 들여다본다는 것입니다. 그러면 영혼의 아버지 하느님께서 자신을 관찰하고 깨닫게 해 주시며 은총의 빛 속에서 평화를 누리도록 해주십니다. 결국 성찰을 통해서 내 영혼의 건강 상태를 알 수가 있고, 영적 건강 상태의 진단은 영적인 삶의 성장을 도와줍니다.

식별에는 영혼을 관찰하는 기준이 있습니다. 바로 그리스도이십니다. 식별력은 성령에 이끌려서 그리스도를 토대로 옳고 그름을 분별해 적을 알아차리고 이겨내는 힘입니다. 적은 죄악입니다. 그러므로 식별력의 목표는 죄악을 이기는 힘을 기르는 것입니다. 식별력에서 중요한 것은 자신을 인식하는 것, 즉 나를 더 알아차리는 통찰 수련입니다. 이것이 영혼을 관찰하는 것인데 구체적으로 표현하자면 내 생각을 바라보는 것입니다. 그것도 생각의 시작을 바라보는 것이 매우 중요합니다. 이처럼 영의 눈으로 자신을 들여다보는 영의 사람은 심판하지 않고 기다리며, 그 알아차림의 길을 가는데 소란하지 않고 고요함을 추구하는 평화로운 마음의 상태에 머무는 자, 곧 기도하는 사람입니다. 그 순간 자신의 내면에서 성령께서 하느님의 사랑과 하느님의 판단대로 작동합니다.

우리는 아침에 일어나면 무엇을 제일 먼저 합니까? 오늘 하루에 할 일들을 먼저 생각합니다. 그런데 시작은 할 일 이전에 생각을 먼저 한다는 말입니다. 보통 생각이 많은 사람은 본인이 피곤하고 힘들며, 생각이 없는 사람은 주변인들이 피곤하답니다. 여기에서 나는 생각이 많은가 혹은 없는가를 판단하지 말고 나를 바라보면서 생각의 시작을 바라보아야 합니다.

영의 인식 곧 영으로 알아차리는 것은 성찰, 특별히 참회인데 생각과 마음을 세밀하게 읽고 그것이 부끄러운지, 그렇지 않은지를 들여다봅니다. 내 안에는 하느님이 주신 영의 감각인 영적인 능력과 감성들이 존재합니다. 영적 눈치라고 표현하고 싶습니다. 한국 사람에게 눈치는 "다른 사람의 기분을 빨리 파악하고 대인 관계를 유지하기 위한 수단"이라고 말하는데, 감성의 지성활동인 것 같습니다. 그리고 노래를 잘하고 운동을 잘하며 손재주가 있는 것 등은 하느님이 각자에게 주신 능력이며, 그것을 잘 찾아내는 것이 중요합니다. 이처럼 영적 능력과 감성을 통한 기도 생활로 영적 성숙을 경험할 수 있습니다.

성경의 주제 파악을 우선한다

그리스도인들 특히 교회의 봉사자들은 판단의 잘못을 이겨내야 하는데, 그것은 그리스도를 온전히 만나면 가능합니다. 식별의 눈을 뜬다는 것은 맞고 틀리는 윤리적인 선택을 위한 것이 아니라, 그리스도를 만나느냐 그렇지 않느냐의 문제입니다. 그리고 나답게 사는 자신을 발견하는 것입니다. 정말 내가 원하는 것이 그리스도인가? 혹은 나의 욕구인가? 라는 것을 관찰하는 것입니다. 그리스도를 만나는데, 자신이 참으로 원하고 자신을 자유롭게 하는 것은 무엇인가?를 들여다보는 것입니다. 우리는 끊임없이 식별해야 합니다. 곧 식별은 나의 몫, 심판은 주님의 몫이기 때문입니다. 그러므로 식별은 우선 성경의 주제 파악을 먼저 하는 것입니다. 하느님의 뜻과 그리스도는 성경의 주제로 드러나기 때문입니다.

성경의 대주제가 사랑인데, 그것이 무엇이냐고 묻는다면 어떻게 대답을 하나요? 유행가 가사처럼 눈물의 씨앗이 사랑인가요? 하느님께서는 "빛이 생겨라."(창세 1, 3) 말씀하시자 그대로 되었습니다. '빛이 생겨라'는 '사랑이 생겨라'는 의미라고 말하고 싶습니다. 가톨릭의 중심 신비인 부활 성야미사는 빛의 예식과 세례 예식으로 나뉘어 거행됩니다. 빛이라는 사랑의 속성은 '판단 중지'의 정신을 잘 반영합니다. 빛은 우리를 판단하지 않고 그저 모든 이를 비춥니다.

낙원에서 하느님은 아담과 하와에게 한 가지를 금지하셨습니다. 선과 악을 알게 하는 나무는 먹지도 만지지도 말라는 것입니다. 선과 악을 판단하는 몫은 하느님의 것이기 때문입니다. 그런데 우리는 인생을 살면서 서로를 판단하는 경험을 많이 합니다. 축구경기에서 누가 판단합니까? 심판이 합니다. 선수들이 반칙을 하면 심판이 마치 연옥행을 말하는 것과 같은 옐로(yellow) 카드, 아니면 지옥행과 같은 레드(red)카드를 주어 퇴장하게 합니다. 억울한 것이 있다면 주님께 고백하면 됩니다. 요즘 언론의 모습에서 수 많은 가짜기사들이 만연합니다. 사실만을 이야기하면 되는데, 수 많은 판단이 들어간 소식에는 피곤함이 느껴지기도 합니다.

동반자, 영처럼 말씀을 바라보고, 생각을 표현하도록 돕는다

영성 동반자는 '통해서 바라보기'로 상대방이 생각을 분별하고 소통하도록 돕고 있습니다. 내가 바라보지만 그리스도를 통해서 성령에 비추어서 자신의 영혼을 관찰합니다. 성찰과 영의 식별 작업입니다. 이를 위해 자신의 능력도 필요하지만, 체계적으로 영적 수련을 잘 받은 이가 동반을 해야 합니다. 이처럼 이웃을 아는 통찰력은 곧 사람의 마음을 읽어 내는 능력입니다. 하지만 내 시선으로 판단하고 직접적으로 표현하면 오해를 불러일으킬 수 있기 때문에, 이는 매우 어려운 작업이 됩니다. 마치 2인승 자전거를 타고 가는데 한 사람만 페달을 밟는다면 앞으로 나아가기 힘이 들 듯이, 영적 동반은 내담자와 믿음으로 함께 협력해야 합니다.

영혼의 동반자는 그리스도교 동방교회의 수도원에서 장상(staret)이라고 부릅니다. 그는 영의 선물을 받은 자이고, 마음을 자연스럽게 읽어 내는 신비로운 힘을 선물로 지니고 있습니다. 그는 불교의 큰스님과 같은 자로서, 도스토옙스키의 유작 '카라마조프가의 형제들'에서는 수도원장 조시마를 원로(staret)라고 말합니다. 하느님은 인간들이 서로 이해하도록 창조하셨습니다. 영혼의 동반자는 공동체의 어려움이 생길 때, 그들의 마음을 읽어주고 성령께서 이끌어 주시도록 인도합니다. 초기 교회부터 영혼 돌봄을 위한 영적 동반이 있었던 것은 우리가 서로를 이해하도록 창조되었기 때문입니다.

"한 처음에 말씀이 계셨다. 말씀은 하느님과 함께 계셨는데 말씀은 하느님이셨다."(요한 1, 1). "말씀이 사람이 되시어 우리 가운데 사셨다"(요한 1, 14). 이처럼 하느님은 완벽한 말씀이시고 예수님은 하느님께서 사랑하시는 영원한 말씀이신 그리스도이십니다. 하느님은 말씀으로 세상을 창조하셨고, 예수님은 그 말씀의 대화로 구원을 시작하셨습니다. 하느님께서는 사람이 혼자 있는 것이 좋지 않다 하시며 아담과 하와가 함께 존재하도록 서로 대화하는 상대를 선사하셨습니다(창세 2, 18 참조). 아담과 하와의 첫 대화 상대자는 하느님이셨습니다. 하지만 결정적으로 하느님의 뜻이 아니라 아담과 하와는 자기들의 뜻대로 선악과를 먹었습니다. 대화하지 않은 것입니다. 기도하는 사람은 하느님과 대화하는 자입니다. 그런 점에서 하느님께 내 생각을 들어 올리는 것은 중요합니다. 거기에서 인간이 존엄하다는 것이 시작됩니다. 하느님이 만드신 인간은 대화하는 존재, 하느님의 생각을 품고 사는 영의 사람입니다. 대화하는 존재의 사람은 하느님에 의해서 창조된 것이고 이것이 하느님의 모습을 계속 닮아가는 것입니다.

요한복음에서 예수 그리스도께서는 '말씀'이라고 불립니다. 그리스도의 말씀은 하느님의 뜻을 담고 있어서 성령 안에서 이해할 수 있습니다. 복음서 안에는 예수님이 표현하는 말씀들로 가득합니다. 예수님은 우리를 친구라 부르셨고, 그러기에 우리 모두는 말씀 가족입니다. 교회의 신자들은 뛰어난 봉사능력을 가지고 있습니다. 그러나 지나친 열정의 봉사가 말씀의 표현을 먹어버리고 행위만 남게 되면, 말씀이 하느님의 영인 순수 생각에서 멀어집니다. 모든 것을 전부 알아서 한다는 것은 힘든 일이기에 한 가지라도 제대로 알아차려 하느님의 뜻과 생각을 표현하고 실행해야 합니다.

　침묵도 영적인 말씀의 표현입니다. 말로 하는 소통이 중요하지만, 제스츄어와 행동으로도 표현합니다. 기분이 좋은 날에 밝은 옷을 입는 것도 기쁨과 희망의 표현이 됩니다. 영화 〈보헤미안 랩소디〉(2018)는 음악만으로도 충분히 관객과 소통하였습니다. 하느님께서는 창조하고 존재하는 모든 것을 표현하도록 우리를 초대하셨습니다. 한국인의 정서는 사람들과 있을 때 "가만히 있어라, 밥 먹을 땐 말하지 말고 먹어라." 등 자신을 표현하는 것에 절제력을 드러냅니다. 하느님은 살아가는 모든 이를 이해하길 원하십니다. 하지만 악마가 원하는 것은 '오해'입니다. 진리는 말씀 안에 있고 예수님은 말씀이시며, 말씀이신 분이 육화하시어 우리에게 오셨습니다. 그러므로 예수님을 아는 자는 모든 것을 아는 자이고, 예수님을 모르는 자는 전부를 모르는 자입니다. 말씀의 소리를 듣는 것이 중요하지만 말씀의 의미를 깨닫고 이해하고 표현하는 것이 더욱 중요한데, 핵심은 말씀을 관상하는 것입니다. 하지만 죄와 열정이 영혼 속 곧 생각과 마음에 장벽을 쌓게 하여 말씀을 바라보지 못하게 합니다.

영의 지혜는 뜸을 들이지, 서두르지 않습니다

　영적 동반자는 하느님의 섭리가 내담자 안에 담겨 있음을 이해해야 합니다. 에바그리우스에 따르면 누군가에게 갈 때 자신에게 어떤 질문도 먼저 하지 말아야 한다고 합니다. 그러므로 교부들은 늘 질문에 즉각 대답하지 않고 뜸을 들이곤 하는데 익숙합니다. 교부들은 많은 책을 읽었지만 성령과 같은 지혜를 만나지 못하였습니다. 교부들이 대화에서 뜸을 들이는 이유는, 성령의 지혜에 이끌리기 위해서 입니다. 발생하는 많은 문제는 '서두름'에 있기 때문입니다.

러시아의 사로프의 성 세라피노(seraphim of sarov)는 장상(staret)이고 예언자입니다. 누군가 어려움을 설명하면 영혼의 동반자 세라피노는 다음과 같이 말해 그 고통을 멈추게 합니다. "모든 것을 내가 이해합니다. 인간의 마음은 하느님 앞에 열려 있습니다. 인간이 가까이 가면 다른 사람의 마음이 얼마나 깊은지 발견하게 됩니다." 우리는 연민을 가져야 합니다. 꾸중하고 혼내며 판단하지 말고 그리스도교의 최고의 감정인 연민으로 다가가며 나에게 가까이 있는 가정, 공동체, 사회조직에서도 연민을 가지고 만나야 합니다.

영적 인식, 영적 담화

성령 안에서의 영적 인식은 존재와 사건 그리고 문제 안에 있는 참 선을 '알아차림'이고, 이웃을 아는 통찰력은 '사람의 마음을 읽어주는 능력' 곧 인간의 마음을 읽어내는 능력입니다. 하지만 성령 안에서 통교가 인간적인 접촉을 포기하는 것을 의미하지는 않습니다.

사람은 생각을 펼치고, 말하고 상담합니다. 말씀을 나누는 담화는 다른 이에게 생각을 열어 개방하는 것인데, 기원은 그리스 아테네의 아고라(agora), 곧 외부 광장을 말합니다. 그런데 우리에게는 내적 광장이 있습니다. 이는 바로 고해성사, 양심 성찰, 의식 성찰, 영혼 돌봄, 영적 동반, 수도 규칙이 바로 그것입니다.

생각과 사고는 내적 광장에서 영혼 돌봄과 동반으로 성장하고 변화됩니다. 한편 담화는 영적 성장을 돕고, 기도는 영적 성숙을 일으킵니다. 말씀과 함께 하는 담화는 악의 속임수로 도망가지 않는 유일한 방법입니다. 예를 들어, 내적 광장으로서 소공동체의 복음 나누기와 렉시오 디비나를 합니다. 또 다른 예를 들어 자녀들은 말하면서 성장합니다. 음식을 먹음으로써 몸도 성장하지만, 말하고 대화하는 언어로써 사고와 감정 곧 마음의 성장도 이루어집니다. 필자의 기억에도 어려서 온 가족들이 함께 모여서 십자고상 앞에 무릎을 꿇고 조과(아침기도)와 만과(저녁기도)를 했던 경험이 생생합니다. 하지만 기도를 즐겨 하는 신자들 가운데, 다른 이를 지적하고 판단하는 분에게는 건강하고 바른 식별과 영의 인식이 필요합니다.

테오도로에 의하면, 수도원의 장상은 말씀과 생각을 나누는 담화 없이 아버지일 수 없습니다. 마음을 읽고, 마음을 읽힌다는 것은 영적 성장과 영적 성숙과 가까이 있는 것입니다. 영적 담화를 통하여 영혼이 성장하고 삶으로 실현되며 그 여정은 안전하게 지속됩니다.

영적 성숙은 기도 안에서 달콤함을 맛보고, 끊임없는 기도의 향상과 함께 하늘에 계신 아버지께로 향하게 되며 결국 하느님처럼 되는 신화(神化) 혹은 영화(靈化)의 초대를 받게 됩니다. 오늘날 많은 사람들은 다양한 영적 동반과 상담이나 영성지도를 통해서 이런 영혼 돌봄의 경험을 할 수 있습니다. 특히 영적 동반자의 도움을 통해 자신 안에 존재하는 하느님의 섭리를 발견하게 됩니다. 그러므로 어떤 상담도 영의 도움을 받는 경험이라고 말할 수 있습니다.

자신의 영혼을 이해하는 작업

영혼, 마음과 생각

사랑의 완성은 예수 그리스도를 통한 십자가의 희생입니다. 예수님께서는 고통을 피하려는 뜻도 있었지만 고통에 저항하지 않으셨습니다. 오히려 불의와 부정에 저항하셨습니다. 슬픔, 절망, 외로움, 걱정과 두려움의 어떤 고통이든 스스로 껴안으셨습니다. 그러면서 예수님께서 고통을 포용하여 이루신 십자가의 기적은 깊은 평화로 바뀌는 신비를 드러내셨습니다. 이것이 예수님의 십자가입니다. 예수님 고통의 십자가는 부활과 승천으로 이어집니다. 고통의 표징인 십자가는 하느님의 사랑이 움직이는 부활의 표징으로 완성됩니다.

여러분도 자신의 고통에 주목하면서 슬픔, 걱정, 두려움, 불안, 공포, 외로움 등을 느껴보세요. 자신에게 집중하고 몸, 영혼, 영의 한 존재 구석구석까지 완전하게 현존해 보세요. 그렇게 하면 당신은 어둠 속에 빛을 가져가는 것입니다. 이것이 바로 부활, 곧 영의 불꽃, 사랑의 빛, 양심과 의식의 불꽃이 내 속의 크고 깊은 어둠을 비출 것입니다.

영혼 안에서 분별한 자신의 생각은 영이 마음으로 들어가는 문입니다. 생각은 영의 안테나입니다. 그러니 영혼의 마음과 생각을 판단하지 말고 자신을 바라보면 충분합니다. 하지만 식별의 과정 또한 아주 중요합니다. 생각을 들여다보려면 기준이 필요합니다. 그 기준이 바로 예수 그리스도, 성경 말씀입니다. 이러한 관점에서 볼 때 한국교회에는 성경 공부, 렉시오 디비나 등 많은 영적 식별을 위한 서적들로 공부를 합니다. 그러므로 식별의 토대인 그리스도의 말씀은 합리적 성경주석으로 시작하여 신앙에 대한 본질적인 분별의 주제들로 이루어져 나가야 합니다.

우리는 성경 공부로 무엇을 얻습니까? 배운 말씀은 자신의 생각과 공동체를 분별하는 기준이 되어야 합니다. 지식으로만 남으면 그것은 구원과는 거리가 있습니다. 그리스도교는 하느님이 우리에게 오시는 종교이니 우리는 오시는 하느님을 받아들이기만 하면 됩니다. 그렇게 할 때 그분의 말씀께서 나와 공동체의 생각과 마음, 곧 우리 영혼을 움직이십니다. 내 의지와 내 생각대로만 하면 많은 어려움이 생깁니다. 그러므로 성찰과 식별을 위한 성경의 주제 파악이 우선적으로 중요합니다. 구약의 본질적 주제는 구원과 믿음이고 신약의 본질적 주제는 구원과 사랑 곧 용서, 사랑, 치유, 축복입니다. 구약은 외적인 가치, 곧 외적 전쟁으로 구원과 믿음이 드러나고, 신약은 영적 전쟁으로서 내적, 영적인 가치인 사랑의 보물을 지니고 있습니다. 이 모든 것이 양심 성찰과 영의 식별과 깊이 관련된 주제입니다.

자기 영혼을 이해하는 작업

영혼의 돌봄 곧 영혼 인지와 심리는 자기 영혼을 이해하는 여정입니다. 곧 생각의 식별 그리고 마음의 다스림이라는 동반과 함께 성찰과 식별의 과정을 통해 이해된 인간 자신을 지향합니다. 그러므로 식별에서 중요한 것은 첫째로 하느님의 말씀을 만나는 나의 내면 곧 마음의 이해입니다. 둘째는 관찰한 사고와 감정 곧 탐색한 영혼을 통해 말씀하시는 하느님과의 만남입니다. 셋째는 내가 영혼의 지성 곧 이해된 생각으로서의 지성을 이해하여 바라보는 것입니다. 그런데 영혼의 지성은 내 안의 영에 인도하고 만나도록 이어지는 다리입니다. 이 모든 과정은 내 안의 영성, 곧 영의 시선으로 자신의 생각과 마음을 들여다보는 양심과 의식 성찰로 이루어집니다. 그러므로 하느님은 나의 사고와 감정을 통해 말씀하시기에 마음공부와 생각을 바르게 하는 것이 중요합니다. 곧 생각을 거르고 마음의 감정을 흐르게 하는 것이 양심 성찰과 의식 성찰인데 이는 영의 식별이 그 여정의 정점입니다.

영혼을 관찰한다는 것은 영과 의식, 곧 양심의 눈이 마음을 바라보고 생각과 감정과 감각을 분석하는 알아차림 곧 통찰을 말합니다. 분석은 기록하는 것인데, 하루 10분이라도 자신을 점검하며 적어봅니다. 이것은 영혼을 비추는 알아차림 곧 통찰에 의한 관계적 훈련입니다. 영적 통찰과 경험의 지식은 '하느님께서는 이렇게 일하시는구나!'하고 감탄하는 것입니다. 결국 영혼을 관찰한다는 것은 하느님의 사랑과 방향, 곧 영에 귀 기울임입니다. 관찰은 구별한다는 것인데, 이는 해로운 메시지와 좋은 가르침을 구별하고 악한 영들과 성령을 분간한다는 것을 의미하며 이 일은 누군가를 판단하기 위해서가 아니라 우리를 보호하기 위해서 하는 일입니다.

아주 오래 전 제가 미국의 본당에서 여름 방학을 보내고 있을 때 8월 15일, '광복절 기념 자랑스러운 한국인을 위한 시상식'에 참여하였습니다. 그때 수상자의 소감을 소개하고자 합니다. 수상자는 가난한 어린 시절을 보냈습니다. 그는 새 연필이 가득 들어 있는 필통을 가진 친구를 부러워했습니다. 자신의 필통 안에는 몽땅 연필들만 있었기 때문입니다. 어느 날 친구의 새 연필이 교실 바닥에 떨어지자 수상자는 그 연필을 가지고 집으로 돌아왔고, 새 연필이 어디에서 생겼냐고 묻는 어머니께 거짓말로 친구가 줬다고 했습니다. 거짓말임을 알아차린 어머니는 회초리를 드시면서 "네가 공부 못하는 건, 괜찮은데, 거짓말하는 것은 용서할 수 없다."라고 말씀하시며 자신에게 회초리를 드셨답니다. 그 후 어머니는 3주 동안 버스를 타지 않고 일을 걸어서 다니셨고, 자신에게 새 필통과 새 연필을 사주셨다는 일화를 말하였습니다. 그 일이 있고 나서 자신의 인생이 바뀌었다며, 자기가 받은 상은 모두 어머니 덕분이라고 말하였습니다.

부모님이 자식을 더 큰 죄에 이르지 않게 가르치는 것은 자식을 보호하기 위함입니다. 영의 식별을 적용하는데 윤리 원칙의 관념적 인식으로 제한을 받을 수는 없지만, 신학을 공부하는 훈련을 통해서 하느님과 인간을 알고 말하는 그 영혼의 생각과 마음을 알아차리도록 예상해야 합니다. 이 여정을 걸어가는 것이 영혼 돌봄을 위한 여정 곧 영혼 심리학이라고 부르고 싶습니다. 영혼을 이해하는데 결정적으로 중요한 핵심은 영의 식별로서 하느님의 말씀과 그것을 이해하는 나의 내면, 곧 영혼의 마음과 생각을 들여다 바라보는 것입니다. 하느님은 내 사고와 감정을 통해 말씀하십니다. 결국은 내 영혼의 생각과 마음에서 이해된 지성과 감성의 덕택으로 영의 식별이 이루어집니다.

양심 성찰이 무엇인지 쉽게 설명하면 어떤 것입니까? 나의 내면의 순수한 마음을 바라보면서 순수하거나 그렇지 않은 것도 판단하지 말고 잘 바라보는 것입니다. 그것을 고해성사 때 고백하면 됩니다.

새로남

성경이 전하는 주된 영적인 가치가 있다면, 그것은 '새로남'입니다. 곧 '새로운 탄생'(born again)이고 다시 시작하는 출발(rebeginning)입니다. 단 한 번으로 끝나지 않고 두 번째 기회(second chance)로 다시 시작할 수 있는 것이라고 할까요? 예수의 제자들은 그들의 삶을 온전히 던져버리고 주님을 따르는 희망을 품었지만, 스승 예수의 죽음이 끝이라고 절망하였습니다. 하지만 주님은 두려워하며 떨고 있던 그들에게 '평화와 성령의 숨결인 부활', 곧 '새로남'이라는 영적 가치를 선물하셨습니다.

"평화가 너희와 함께!"(요한 20, 19. 21) "숨을 불어넣으며 말씀하셨다. 성령을 받아라! 너희가 누구의 죄든지 용서해 주면 그가 용서를 받을 것이고, 그대로 두면 그대로 남아 있을 것이다."(요한 20, 22-23)

사람에게 필요한 것처럼 보이는 걱정은 실상 아무 소용이 없다는 것을 많이 경험합니다. 모든 심적인 장애는 오직 불안과 두려움에서 찾아옵니다. 모든 사람들은 한 가지 의식의 일시적인 표현을 할 뿐입니다. 그러므로 생각을 거르며 다듬고, 마음을 가라앉혀 불안의 감정을 흐르게 하면 비로소 영혼이 새롭게 태어날 것입니다. 불안이 흐르면 의식의 확장이 나타나 새로움, 곧 영혼 돌봄을 시작합니다. 따라서 믿음은 만남에서 출발해 희망을 거쳐 사랑에 도달하였다는 것을 증거해 줍니다. 그리하여 부활하신 영의 그리스도를 만나 내 안의 영혼에 믿음, 희망, 사랑이 다시 움직입니다. 이것이 바로 '새로남'입니다. 부활하신 영의 예수 그리스도께서 의심과 불안 그리고 걱정으로 어두워진 내 영혼에 빛나는 새로움을 주는 것입니다.

빛나는 새로움

성경은 하느님과 인간의 새로운 만남을 기록한 책입니다. 구약은 하느님의 부르심과 사랑에 대한 인간의 믿음을 전합니다. 믿음은 인간이 드리는 최고의 응답입니다. 구약에 믿음의 아브라함이 있다면, 신약은 보고 믿는 토마스를 전합니다. 그는 부활하신 영의 예수님을 보고서야 믿겠답니다. 무조건 믿은 아브라함과 보고 믿는 토마스, 우리 각자는 어떤 유형의 믿음을 가지고 있습니까?

그렇지만 믿음의 목표는 같을 뿐, 그 방법은 다를 수는 있습니다. 물론, 안 보고 믿는 신앙은 중요합니다. 하지만 방법이 달라도 괜찮습니다. 사실 오늘날에는 보고도 안 믿는 것이 문제입니다. 그래서 온전히 믿는 주체인 자신의 영혼을 들여다보는 작업이 필요합니다. 예수의 제자들은 선입견과 판단으로 인해 믿음에서 발견하는 새로움을 부활 전까지 아직은 알 수 없었습니다. 하지만 성경 속 성령, 빛나는 새로움이 그들 안에 항상 존재했습니다.

내 생각과 마음을 어떻게 들여다보느냐에 따라서 영혼은 새로워집니다. 이는 예수님을 따르면 충분합니다. 믿음의 방법이 달라도 그 목적지는 동일하기 때문입니다. 믿음으로 내 안의 몸과 혼과 영이 서로 접촉하면 자신을 잃어버리지도, 세상에서도 절대 잊히지도 않게 됩니다. 믿고 희망하고, 사랑하는 것으로 생각과 마음, 곧 영혼이 새로운 자신이 되게 합니다. 만남은 이같이 새로움을 선물해 줍니다.

우리는 기도를 잘하고 싶어 합니다. 누가 기도를 잘하는 방법을 알려 준다면 신앙인에게 더 이상 좋을 것은 없을 겁니다. 기도는 무엇일까요? 기도는 대화입니다. 곧 성령께서 대화를 안내하는 그리스도교 기도의 3종 세트는 '성찰'과 '식별' 그리고 '참회'입니다. 대화를 잘하려면 하느님을 만나는 내가 누구인지 먼저 이해해야 합니다. 이를 도와주는 기도가 성찰과 식별 그리고 참회입니다.

성찰은 자신의 영혼 곧 생각과 마음을 곰곰이 들여다보는 것이고, 식별은 기준을 가지고 들여다보는 것인데, 그 기준이 바로 하느님이기에 식별은 하느님을 만나는 작업입니다. 결국 성찰과 식별로 자신을 부끄럽게 여겨 '새로 태어나려는 마음'이 참회입니다. 그래서 기도를 한마디로 정의하자면 영이신 하느님과의 대화입니다. 그러므로 기도하는 자는 영혼을 하느님께 들어 높입니다.

기도를 잘하는 사람은 대화도 잘합니다. 하지만 기도는 열심히 하는데 대화가 안 된다면 뭔가 수정이 필요합니다. 이를 위해서 무엇보다 나를 심판하지 말고 자신, 곧 '영혼을 들여다보는 것'이 중요합니다. 이를 '영혼 챙김'이라고 말할 수 있는 것 같습니다. 이처럼 하느님 말씀으로 생각을 거르는 기도가 식별이고, 성령에 인도되어 "마음을 흐르게 하는 것은 초기 동방 그리스도교에서부터 호흡과 함께 해온 예수기도와 마음기도입니다. 그러므로 이 기도는 하느님의 생각인 복음을 기준으로 식별하는 순간, 지금 여기의 힘, 내 안에 있는 영을 의식하도록 인도합니다. 이같이 영혼을 돌보는 모든 기도는 몸, 영혼, 영의 전인적인 존재가 '편안한 쉼(relax)'과 '알아차림의 깨어남'이라는 선물을 제공합니다. 이로써 예수 그리스도와 성령께서 나 자신을 이같은 거룩하고 고귀한 만남으로 이끌어 주시고 새로움으로 초대하십니다.

저는 2018년 한 학기의 안식년을 보내면서 해외 신자들을 만났습니다. 영성 강의와 고해성사를 드리며 신자들과 나눈 대화에서 느꼈던 점은 '다르다'를 '틀리다'로 참 많이들 표현한다는 것이었습니다. 말 표현 하나로도 새로움을 발견합니다. 저는 아재 개그를 아재들의 개그라 하지 않고 '아주 재밌는 개그'라고 말합니다. 이것도 표현의 새로움입니다. 초등학생들이 즐겨 말하는 아재 개그 하나를 소개합니다. "임금님이 길에 가다 넘어졌다"를 뭐라고 말할까요? 답은 킹콩입니다. 이처럼 아재 개그의 순수한 표현이 새로움을 선사해 줍니다.

그리스도교는 대화의 종교입니다. 하느님의 자비로 인도되는 영적 대화의 초대장이 바로 고해성사입니다. 루카복음 15장의 둘째 아들이 자신의 재산을 달라고 했을 때, 보통 부모는 걱정을 많이 합니다. 하지만 성경은 둘째 아들의 영혼, 곧 생각이 부족하고 판단이 모자라 보여도 이를 존중하고 인정해 주는 아버지의 모습에서 우리에게 자비와 새로움을 만나게 됩니다. "자식 농사는 반타작이면 다행"라는 옛말처럼 세상의 기준으로 실패한 것처럼 보이는 자녀들의 삶에 드러나는 '새로움'은 하느님의 축복 가득한 선물입니다.

새로운 자각

성찰과 식별 그리고 참회는 한 마디로 자기 자각(self awareness)입니다. 자신에게 일어나는 자각을 표현하는 것입니다. 우리의 정서와 문화에서 '자각의 표현'을 힘들어하지만 '자각의 실현'은 잘합니다.

자각의 실현은 복음서의 '깨어 있으라.'는 의미와 유사합니다. 자각한 이들은 영의 눈을 뜨고 보고 움직입니다. 임진왜란 때 조선이 일본을 이겨낸 이유를 보면 아마 백성들이 그 전쟁의 불의함을 보고 자각한 것을 행동으로 옮긴 '자각의 실현'인 듯합니다. 조선의 저항은 군인들만이 아닌 의병, 승병, 여인, 농민 등 예상치 못한 사람들 덕분이었습니다. 항상 깨어있는 것을 잘했던 민족성이 드러난 것입니다. 이것을 나는 보람된 삶에 대한 '자각의 실현'이라고 이해합니다.

눈으로 들어온 정보는 생각으로 가고, 그 생각의 표상 이미지는 걸러져 다시 마음으로 들어가 감정의 결심을 통해 행동으로 갑니다. 그래서 그것이 사랑이라면 행동하는 사랑의 첫 기관은 눈을 통해 들어온 생각입니다. 그러면 용서는 어디에서 어떻게 이루어질까요? 바로 마음에서 일어납니다. 생각으로만 용서할 수 없습니다. 생각, 마음, 눈은 각각 고유한 기능을 합니다. 이는 단지 복음서에서 나타나는 상징의 표현만이 아니라 그리스도교 영성 역사 안에서 검증하고 체험한 영적인 임상으로 얻은 원리입니다.

예를 들어 죄를 범하지 않으려면 그 생각이 들었을 때 생각을 멈추면 됩니다. 악한 생각이 들어와도 오직 생각으로 머물면 됩니다. 악은 수호천사가 잘 막고 있으니 우리의 행동을 CCTV로 보듯 주시하고, 노리고 있는 악마에게 깨어있으면 됩니다. 미사의 참회 순간 우리는 "형제들에게 고백하오니 생각과 말과 행위로 죄를 많이 지었으며 자주 의무를 소홀히 하였나이다. 제 탓이요, 제 탓이요, 저의 큰 탓이옵니다." 하고 기도합니다. 흔히들 삶에 대해 식별할 때 말과 행위로 죄를 짓고 의무를 소홀히 한 것은 참회하지만, 생각에 대해서는 참회를 하지 않는 경향입니다. 그러므로 우리 모두에게 생각의 참회가 요청됩니다. 감각들, 곧 눈으로 보는 것이 생각의 이미지가 되어 내 영혼으로 가기 때문에 생각을 먼저 바라보아야 하는 것입니다.

영혼 돌봄은 영과 영혼이 만나는 순간이며, 영이 혼을 돌보는 지금 여기의 힘을 얻는 시간입니다. 그럴 때 성령께서 내 안의 눈이 새롭게 뜨이게 하십니다. "그리스도인이 된다는 것은 삶에 새로운 시야와 결정적인 방향을 제시하는 한 사건, 한 사람 예수 그리스도를 성령 안에서 만나는 것이다."(베네딕토 16세 하느님은 사랑이십니다 1항)

음식은 만드는 사람마다 다른 맛이 납니다. 이를 손맛이라고 합니다. 그런데 손맛을 세균 맛이라고 표현할 수 있다면, 예수님께서도 같은 대상과 대물에 늘 새롭게 접근하십니다. 예수께서는 '생각의 새로움'과 함께 시작하기를 근본적으로 가르쳐 주는 분이십니다. 그래서 예수님의 매력은 우선적으로 그분 언어에 있고, 그것은 나를 구하는 언어가 되며, 내 영혼이 새롭게 생각하도록 초대합니다. 복음서를 보면 예수님은 일상에서 선착순처럼 줄 세우기를 하지 않으십니다. 또한 상대에게 싫다고 먼저 말하지도 않을뿐더러 상대방이 원하는 것을 넘어 새로운 표현을 하십니다. 율법 학자 한 사람이 예수님께 묻는 말에 그가 원하는 데로 첫째, 둘째 계명을 말씀 하시지만, 바로 이어서 이보다 더 큰 계명은 없다고 하시며 두 계명을 가르지 않고, 모두 하나라고 자각하는 말씀을 통해 새로운 시선과 생각을 보여 주십니다(마르 12, 28-34 참조).

방 안이 환해지는 사람

사람 가운데는 그 사람이 들어오면 방이 환해지는 사람이 있고, 어떤 사람은 그 사람이 나가야 방이 환해지는 경우가 있습니다. 이를 자세히 살펴보면, 첫 번째 사람의 특징은 그 사람의 표정이 온화하고 편안한 것입니다. 곧 그는 말하기보다 경청을 잘합니다. 이때 경청의 태도는 듣기만이 아니라 이해하고, 받아들이고 공감을 하는 것입니다. 다시 말해서 상대방을 이해하고, 수용하며, 공감과 위로를 해줍니다. 때로는 야단을 치거나 지적을 할 수 있는데, 이때는 따뜻한 마음을 지니고 부드럽게 말을 합니다. 이는 상대방의 마음에 상처를 주지 않기 위함입니다.

그런데 방이 어두워지는 사람, 곧 그가 방을 나가야 환해지는 것은 어떤 것일까요? 그의 태도는 반대입니다. 듣기보다 자기 말만 하는 사람, 상대방을 고려하지 않고 자기주장의 말만 하는 사람입니다.

공감과 위로보다는 자기 과시, 잘난 체를 합니다.

자세히 말하면 상대방을 비난하고 지적하는 사람, 정작 그 자리에 있지 않는 사람에게도 비난하고 지적하는 사람, 맞는 말을 기분 나쁘게 하는 잔소리…거칠고 직설적인 말로 상대방을 상처 주는 사람. 그리고 교묘히 비꼬아서 상대방을 공격하는 사람. 쾌감을 느낄 수도 있지만 상대방은 묘하게 기분이 나쁩니다. 그래서 그런 사람이 방에 들어오면 분위기가 냉랭해지고 그 자리에 있던 사람들 중 몇몇은 그 자리를 떠납니다.

그러면 나는 어디에 속할까요? 첫째 사람? 둘째 사람? 혹시 첫째와 둘째 사람들도 아닌 제3의 인물인 관찰자로 있을 수 있습니다. 그렇다면 이는 둘째 사람을 통해서 대리만족을 할 수 있습니다. 곧 그는 방관자의 마스크 썼을 뿐 그 마음속에는 둘째 사람과 같을 수도 있다는 것입니다.

나는 과연 방이 환해지게 하는 사람일까요? 아니면 어둡게 하는 사람일까요? 또 나는 둘 다 아니다 라고 하는데 겉으로 드러나지 않는다 해서 마음을 속일 수는 없으니 내가 셋째 사람일 수도 있습니다.

용서는 마음의 해독제

용서는 해독제

프란치스코 교황께서는 어느 잡지의 인터뷰에서 "당신은 누구냐"는 질문에 "나는 하느님께 사랑받는 죄인입니다."라고 대답하셨습니다. 이 대답의 정당성은 하느님께서 나에게 예수님을 용서의 선물로 파견하셨기 때문입니다. 용서는 무엇이고 어떤 것일까요? 용서는 자기 사랑의 최고행위이기에 자신을 사랑하는 힘이 먼저 필요합니다. 그래야 타인이 나의 평화를 방해하는 것을 허용할 수 있는데 그 이전에 자신을 많이 사랑하라는 것입니다. 용서란 누구도 나에게 아무것도 하지 않았다는 것을 똑바로 바라보는 일종의 깨어남입니다. 용서는 정신과 육체 건강에 매우 중요합니다. 그래서 복음의 예수님은 병자에게 항상 죄를 용서받았다고 말씀하십니다. 그러므로 예수님을 믿는 이는 죄의식에 사로잡혀 살지 말아야 합니다.

죄를 미워하는 용기가 있어야 합니다. 부모는 자녀가 죄를 지어도 자녀를 사랑하듯이, 하느님 또한 죄인인 나를 사랑하시기에 믿는 이는 하느님께 자신의 죄를 고해하면 됩니다. 죄와 사랑 가운데 죄의 고백은 자신이 하느님 사랑의 중심에 존재하는 것입니다.

그런데 용서에 대한 새로운 자각을 위해서 자신의 영혼을 들여다보아야 합니다. 에고(자아, ego)는 늘 분노와 원한을 붙잡고 필사적으로 삶을 견디어 냅니다. 그런데 분노와 원한이라는 심적 고통은 과거와 미래에 대한 생각인데, 대개는 고통은 생각 때문에 느껴지곤 합니다. 그래서 고통은 언제나 늘 영혼(자아)의 주변을 맴돌고 있습니다. 사실 고통은 상황이 아니라 생각인데도 말입니다. 그러므로 그 고통의 생각을 사랑과 연민으로 바꿔야 합니다. 그런 감정과 부정의 생각은 늘 존재합니다.

그러므로 부정적인 모든 경험은 걸어온 삶에서 우선 되었다는 것으로 이해해야 합니다. 그다음은 그 경험과 관련된 사람들을 용서하는 것입니다. 끝으로 모든 경험을 받아들이고 거기에서 용서의 새로운 자각을 배웁니다. 그러한 순간은 자신에게 부정적인 에너지와 무의식의 죄를 경험하는 일정한 시간대라는 주기의 덫에서 벗어나는 때이기에 정말 기분이 좋아집니다.

사실 사람에게 다가온 고통은 영적 각성을 일으키고, 상실과 비탄은 진정한 기도를 하게 합니다. 그러므로 용서는 원수와 미워하는 자를 파괴하지 않습니다. 당신이 멸시받은 점이 더 보람 있고, 만족스러운 결과로 인도할 수 있습니다. 바로 넬슨 만델라처럼 또, 십자가에서 용서를 하시는 주님처럼 말입니다.

용서는 마음의 해독주스 같습니다. 그래서 남을 용서하지 않고 화를 내는 것은 독을 먹고 죽기를 바라는 것과 같습니다. 용서는 for와 giving이 만난 선물을 의미합니다. 때론 나와 다른 사람들의 행동을 용서하고, 각자가 인생의 길을 계속하도록 허용하는 것이 더 안전합니다. 용서는 계획된 것이 아닙니다. 생명과 우주의 본질로써 자신을 위해 주어진 영의 열매입니다. 그러므로 나를 용서하는 것보다 남을 용서하는 것이 훨씬 쉬울 것입니다. 그 이유는 아마도 내가 상대보다는 더 높은 책임감을 갖고 있기 때문인 것 같습니다.

영혼의 메커니즘

우리는 몸과 영혼(생각과 마음)과 영의 단일존재입니다. 몸은 육체인데, 보고 느끼는 감각으로 감정과 소통하며 움직입니다. 곧 몸에 통증이 있다면 감정도 고통을 느낍니다. 마음과 생각도 몸처럼 역할을 합니다. 영혼에서 마음(heart)은 마치 우리 몸의 심장과도 같은데 마음이 영혼 밖으로 '외출'은 할 수 있지만 '가출'을 하게 되면 마음의 병이 생긴 것입니다. 영혼 속의 마음과는 달리 생각(mind)은 뇌와 관련되는 것 같고 이성, 공상, 상상, 의지로 표현할 수 있습니다. 그런데 나의 영혼(soul)은 내가 가장 사랑하는 상대방 안에 생각과 함께 존재할 수 있습니다.

하느님이 사람을 만드실 때 코에 당신의 숨, 영을 불어 넣어 주신 것처럼, 영에 중심을 두고 있는 자는 상대에게 자기 영혼 속 생각인 사랑을 나눌 수 있고, 자기 영혼의 마음에서는 참 자유를 누릴 수 있습니다. 이는 영혼이 건강하기 위해 하느님의 숨을 들이쉬고 내쉬는 호흡을 통해 가능합니다. 그래서 몸은 봉사할 때, 영혼의 생각은 사랑할 때, 영혼의 마음은 자유로울 때 온 존재가 살아납니다. 그래서 영은 내 안에서 영혼이 숨을 쉬는 기도를 드리게 합니다.

영혼 돌봄의 스승,
용서와 사랑의 아이콘 예수님

예수님의 매력은 언어에 있습니다. 그분은 대화와 표현에서 그 매력이 함께 갑니다. 사람들과 동행하며 새로움을 지향하게 해주는 분이 예수님이십니다. 우리들은 그분의 새로움에 끌립니다. 나를 새롭게 초대하시는 분은 예수님이시기에, 주님을 만나면 우리는 새로워집니다.

예수님은 38년 동안 중풍을 앓아온 병자를 대화로써 바로 치유하십니다. 오랜 세월 아팠고 예수님을 알지 못했던 병자이기에 즉시 그리하신 겁니다. 예수님의 치료는 영혼 돌봄으로서 이는 상대방이 원하는 것을 반복해 표현해 주는 것입니다. 우리의 대화는 어떠합니까? 경청인가요? 주장인가요? 자기의 말만 하려 하고, 상대의 말은 들으려 하지 않습니다. 이는 그만큼 각자가 아프다는 것입니다. 들어주고 시선만 마주쳐도 좋은 대화와 치료가 됩니다.

영혼 돌봄은 온유한 아버지의 정신, 영을 만나는 것입니다. 지금, 이 순간을 영에 내맡기면 됩니다. 그 순간 우리도 영적 동반자로 봉사할 수 있습니다. 다만 [영혼 돌봄] 책을 통해서 체계적으로 공부하고 수련하는 것으로 가능합니다. 영적인 아버지의 영은 돌봄을 위해 영혼 동반을 하는 해결사가 아니라, 예수님처럼 도와주시는 분입니다. 성당에서 봉사는 서로를 위해 하는 것처럼 우리도 그리스도를 통하여 그리스도와 함께 그리스도 안에서 내 영혼을 돌보고, 이를 통해 영적 새로움을 발견합니다. 이처럼 몸과 영혼과 영이 서로 접촉하는 자기 돌봄은 자신을 절대로 잃어버리지 않게 할 뿐만 아니라, 타인의 영혼까지 살피는 동반을 통하여 세상 안에서도 인간관계 능력을 향상합니다.

영성생활은 성령을 품고 사는 삶입니다. 니사(Nyssa)의 성 그레고리우스(Gregorius)에 따르면, 영성생활은 서로 다른 샘에서 솟아나는 물들이 모여 안정된 큰 물결이 되어 바다로 흘러가는 것과 같습니다. 성 대 그레고리우스(Gregorius) 교황은 "영성생활은 큰 물결의 흐름과 같다."라고 말합니다. 영적 지도자로서, 곧 영적 동반자는 우선 온유한 영적 아버지가 되어야 합니다.

몸과 영혼(생각과 마음) 그리고 영이 서로 접촉하고 밸런스를 이루는 내 안의 공동선은 보람된 삶을 지향하고, 영적 동반의 기초로서 만족한 삶을 지향하는 개인의 선을 위한 우선권을 가지고 있어야 합니다. 그러므로 공동체의 장상들과 책임자들은 온화함을 가지고 영적 권위를 가져야 합니다. 이는 영적 동반의 책임자로서 장상이 지닐 자세이며, 용서와 자비의 아이콘이기 때문에 장상은 존경을 받습니다. 한편 장상뿐 아니라 수도자들 역시 자신의 내면을 관찰하고 집중해야 하며, 정신의 다양한 움직임에 주의를 기울이고 마음의 소리를 느끼도록 노력합니다.

그런데 그들에게 주의할 점이 있는데 그것은 영적 허영입니다. 이럴 때 누군가에게 영적 인도를 하는 것은 다소 위험해 보입니다. 훌륭한 영성 지도자, 영성 상담자, 영혼 돌봄의 동반자가 되기 위해서는 자신을 성찰하고 식별 수련을 하며 얼마나 공부하느냐에 달려 있습니다. 그러므로 성령께서 예언과 말씀의 은사를 영적 지도자와 상담자에게 주십니다. 왜냐하면, 성령의 선물 없이는 다른 이들을 인도할 수 없기 때문입니다. 그러한 인도는 영적 허영, 빛의 과잉만 있게 됩니다. 그러므로 영적 돌봄을 하려는 자는 신학을 공부해야 합니다. 신학 공부가 하느님을 만나는 작업이기 때문입니다. 식별력은 악을 이겨내는 능력이고, 인식의 자각은 나를 성찰하고 들여다보게 하는 수련입니다. 이를 위해 교회의 허파와 심장과 대비되는 기도와 순종으로 우리는 영혼 돌봄을 합니다.

예비신자들에게 영혼 돌봄에 해당하는 고해성사에 대해 쉽게 전하는 방법은 무엇입니까? 목욕하듯이 몸과 마음을 깨끗이 하기 위해 준비하는 것이고, 마음과 생각과 생활을 잘 닦아내는 영혼 성찰입니다.

2부

영혼 돌봄 하나,
생각은 거르고, 마음이 흐르게

다듬은 사고, 흐르는 감정,
다독인 마음이 영혼을 돌봅니다.

영혼 돌봄 하나,

인간관계에서 자유로워지고 온전히 자아를 사랑하게 합니다.

생각은 멈추고 의식 속 사고는 거르고 다듬고

상처받고 미워했던 마음이 마주하는 용기, 영혼이 따뜻해지는 시간, 맑고 향기로운 영성 자각, 성찰과 식별과 참회를 해보세요. 마음속 나의 감정은 늘 자신에게 구체적으로 일어납니다. 그래서 자신의 감정을 윤리성으로 접근하지 말아야 할 것입니다. 생각과 함께 곧 영혼을 전체를 살펴보세요! 감정은 부정적이지 않으니 그 메시지를 알아차려 보세요! 감정은 마음을 노크하는 더욱 구체적인 영혼의 메시지입니다. 하지만 맑고 향기로운 생각과 마음의 에고는 영에 이끌리는 따뜻한 영혼 돌봄으로 돌아옵니다. 당신의 영혼을 읽는데 도움이 되길 기도합니다.

영을 수신하는 안테나, 생각의 지성과 영이 머무는 방, 마음에서 일어나는 이 순간 여기 지금의 힘으로 영혼을 돌봅니다. 이를 위해 생각은 걸러 선택하여 향기롭고, 마음은 흘러 다스려 맑게 해보아요! 당신의 영혼을 읽어주는 영에 자신을 내맡겨 단단하게 해보세요!

영혼 돌봄 둘,

생각과 감정에 휘둘리지 않고,
마음은 단단하게 사고는 지혜롭게

감정은 흐르고, 마음은 다독이며

영혼이 따뜻해지는 시간, 생각과 마음이 화해하는 순간, 사고의 분별과 마음의 달램이 이뤄집니다. 성찰과 식별과 참회의 영혼 심리학을 공부해보세요! 여기 지금 내 안의 영靈을 자각하세요! 영혼 돌봄과 자기치유의 영적 자각들, 깨어나라! 일어나라! 알아차려라!

A GUIDE TO SPIRITUAL VISION / AWARENESS / SOUL CARE

생각과 마음, 영혼의 한 가족

생각과 마음은 한 가족 영혼

"마음이 우리 몸의 주인이다.(심자일신지주, 心者一身之主)"⁹ 라는 말씀은 '마음이 건전해야 육체도 건강하게 된다.'란 뜻입니다. 현대의학에서도 사람의 병 가운데 약 7할이 마음에 의하여 생겨난다고 말합니다. 동의보감에 따르면, 태어난 생명은 자연의 섭리대로 살면 누구나 천명(天命)을 살아 120세로 잡고 있습니다. 그러니 인생에서 우리는 우선 몸의 주인인 마음을 건강하게 해야 합니다. 특별히 코로나19로 지친 모두에게 지금은 영혼을 돌보는 마음 중심의 시대입니다.

---

9 "신(神)", 『동의보감』 내경편 권1.

이제 마음공부를 좀 더 자세히 알아보려고 합니다. 어떻게 마음공부를 할까요? 사람의 영혼은 생각과 마음으로 작용합니다. 그래서 마음공부는 생각이 마음과 접촉해서 알아차리는 것, 즉 생각이 마음을 챙기는 것으로도 이해됩니다. 사람의 인생은 지식과는 연관도 되지만 느낌과 생각을 어떻게 하느냐에 따라 결정됩니다.

에고는 마음이 상하는 것을 좋아한다고 말합니다. 왜 그럴까요? 생각과 마음이 너무 멀리 있어서 되는대로 느끼고 생각하면 인생에 크고 작은 문제도 일어나기 때문입니다. 사람은 감정에 솔직할 수 있는 권리가 있습니다. 그러므로 감정은 자신에게 옳습니다.

하지만 심리적으로 감정은 흐르면 흐를수록 마음이 건강해진다고 합니다. 그러나 신앙 안에서 마음은 도덕과 인격의 중심이므로 정화되고 깨끗해지는 마음, 곧 윤리적, 애덕적 측면에서 하느님의 거룩함의 요구에 자기의 지성과 의지를 일치시키는 마음이 건강해집니다.(CCE 2517-1518) 그런데 마음에 갈등이 왜 생기며, 또 그렇게 되는 것은 무엇 때문일까요? 대체로 타인에게 휘둘려서 그러곤 합니다. 그래서 중심을 잡아야 합니다. 자신의 감정에 완전히 빠진다면 좋은 생각이라는 친구를 만나기 힘들어집니다. 사람들이 뭐라 하고, 그들이 어떻게 하는지를 기웃기웃하다 마음을 다칩니다. 특히 생각보단 마음이 사라져, 온데 간 데가 없기 때문에 그렇습니다. 아마 마음이 외출한 것이겠죠? 그래서 사람은 누가 무슨 말을 해도 흔들리지 않고 갈 길을 가는 힘을 길러야 합니다. 이것이 영혼 돌봄 가운데 특별히 '마음공부'라고 합니다. 마음의 면역력과 마음의 근육을 키우는 이 공부는 처음부터 저절로 되지 않습니다. 하지만 배우며, 연습하고 또 공부하면 됩니다.

마음공부는 영혼 속의 마음이 건강해지는 것입니다. 사람은 마음에 대해서 알고 싶어 합니다. 사실 병은 물리적인 통증이 없는 병, 곧 아프지만 느끼지는 못하는 병이 심각합니다. 그런데 마음이 아프고 병이 들었다는 것을 어떻게 알고, 또 그걸 느끼면 어떻게 고칠까요? 마음공부는 자신이 아프다는 것을 느끼고 받아들임에서 출발합니다. 건강한 마음을 배우며 살아가고 싶다는 것이 구체적으로 마음공부이고, 곧 에고를 위한 영혼 돌봄입니다. 그러므로 그 방법을 아는데, 선생이 필요합니다. 학생이 정신을 차리고 준비되면 선생님은 나타납니다. 이 마음으로 공부를 시작합니다. 선생님은 바로 예수님입니다.

복음에서 예수님은 사람들에게 늘 마음의 문제를 건드립니다. 세례자 요한이 말하는 죄인이 회개하는 것과 예수님이 호소하신 회개는 다른데, 예수님은 의인이 아니라 죄인을 부르러 오셨다고도 하셨습니다. 그런데 여기서 예수님이 말씀하신 죄인은 세례자 요한이 말하는 죄의 고백이 필요한 죄인만이라기보다는, 사고의 전환이나 눈뜸이 필요한 사람 모두를 포함한 것은 아닐까요? 그럼 의인은 누구일까요? 이 세상에 사실상 없는, 그냥 상징적으로 완벽한 사람일까요? 좀 헷갈립니다. 모든 이를 구원하시기 위해 오셨다고 하신 것 같은데요.

내면 소통의 사람

그렇습니다. 예수님은 인간의 죄의 유무가 아니라 회심, 곧 누구든지 생각과 마음인 내면의 변모를 말하는 것입니다. 그러므로 예수님의 회심(metanoia)은 모든 이에게 본디 하느님의 모습을 지니고 세상에 창조된 인간이 하느님을 닮은 그 모습, 우리말로 얼굴(얼의 꼴, 하느님의 모습)을 각자 회복하는 것입니다. 그 점에서 의인이야말로 회심을 살아가는 자인데 바리사이와 율법 학자들은 스스로 의롭다고 하니 그건 본디 하느님의 모습, 얼을 닮은 표현도 행동도 아니기 때문에 위선자입니다.

주님께서는 모든 이를 구원하러 오셨습니다. 그런데 사람은 구원을 받기 위해서 내면의 변모 곧 생각과 마음의 영혼 회심을 촉구하십니다. 그런데 미사 때 사제는 성찬 제정 축성문을 기도하며 "너희와 많은 이를 위하여 흘릴 피다"라고 기도합니다. 이는 세상 현실을 반영한 표현입니다. 주님은 모든 이를 구원하실 수 있지만, 사람들의 의사와 의지를 존중하기 때문에 많은 이를 구원하신다고 해석합니다. 바로 '많은 이'라는 표현은 세상의 인간이 지닌 자유를 반영한 것입니다. 그런데 선물 받은 자유가 자기중심, 자기 탐욕, 소유에 집중하고 있습니다. 그래서 지금 예수님이 선포한 마음 중심의 시대로 초대받은 우리 모두가 하느님을 닮은 모습 그대로의 자신을 받아들이는 것이 회심의 본질이라고 이해합니다.

"사실 너의 보물이 있는 곳에 너의 마음도 있다"(마태 6, 21). "너희는 스스로 조심하여, 방탕과 만취와 일상의 근심으로 너희 마음이 물러지는 일이 없게 하여라. 그리고 그날이 너희를 덫처럼 갑자기 덮치지 않게 하여라"(루카 21, 34). 특히 예수님께서는 바리사이의 종교 지도자들에게 "너희 마음이 완고하기 때문에 모세가 그런 계명을 기록하여 너희에게 남긴 것이다."(마르 10, 5)라며 율법은 사람의 마음속에서 그 실천 정신을 찾으라고 제시하십니다.

나쁜 생각이 마음으로 침투하는 과정

주님의 기도에서 우리는 "유혹에 빠지지 않게 하시고, 악에서 구하소서."라고 기도드립니다. 인생을 살면서 어찌 유혹이 없을 수 있을까요? 문제는 유혹이 아니라 '유혹에 빠지는 것'입니다. 그러나 불행히도 인간이 유혹에 넘어져 악 속에 빠지더라도 주님은 "그 악에서 구하소서."하고 청원기도를 하라고 우리에게 용기를 주신 것입니다. 그런데 유혹의 구조를 자세히 살펴보면 죄에 대한 동의에 앞서는 일련의 순간들과 그에 대한 의지가 움직이는 결정의 과정 곧 죄에 동의하는 것에 따르는 심리적인 변화가 나타나고 있습니다.

1단계는 악마의 '제안'입니다. 이는 '적'인 원수가 사람의 마음속에 단순한 생각 혹은 이미지로 제안하는 과정입니다.(John of Damascus, De virtuibus et vitio, PG 95:93 덕과 악습에 대하여) 이 '제안'이 악마의 움직임인데 가끔은 천사의 제안과 동일한 모습으로도 나타납니다. 그러므로 이 단계는 죄라고 말하지는 않습니다.

2단계는 '연결'입니다. 이는 악마의 제안에 가까이 다가가는 단계로, 제안된 것을 앞에 두고 '취할 것인가 말 것인가?' 하고 교섭을 하는 과정입니다. 바로 이 단계에서 죄가 발생합니다. 허락되지 않은 어떤 즐거움에 마음이 동의하는 것(Pratikos, 75. 663; 35)으로써 이는 악의 제안을 결정하여 수락하는 과정입니다. 이때, 사람은 그 결정 앞뒤에 일어난 갈등과 내적 투쟁을 겪게 됩니다.

3단계는 '사로잡힘'입니다. 이는 오랫동안 연속해서 드러나는 악의 제안에 연결하려고 동의를 한 결과를 말합니다. 곧 악의 제안에 동의해 온전히 사로잡혀서 정신을 차리지 못하는 열정과 악한 습관이 제2의 본성처럼 되어 버린 단계입니다.(T. Spidlik, The Spirituality of the Christian East, Orientalia Christiana Analecta 1978. chapter X, 1)

요한 클리마쿠스 영성가는 이 3단계를 다음과 같이 다양하게 부르고 있습니다. 곧 습격, 대화, 동의, 사로잡힘, 투쟁 혹은 갈등, 열정이라고 말합니다.(Scala Paradisi 15; PG 88:896) 시나이의 필로테우스는 이 단계들을 영향, 연결, 사로잡힘, 열정의 4단계로 설명을 하였습니다.

은수자 테오판은 제안, 주목, 기쁨, 욕망, 결심, 행동으로 구분하였습니다.(Philokalia, chapter 34. vol.2 Athens, 1968. 285) 아우구스티누스 성인 역시 투쟁, 죄스러운 일, 습관, 악의 습관에 관해 말하였는데, 이 3단계를 제안, 좋아함, 동의 등으로 구분하였습니다.(Enaratio in Ps. 145.6; PL 37: 1859ff) 그러므로 인간은 항상 생각을 하는데 그것이 순수한 생각에서 오는지, 아니면 악한 생각에서 오는지를 그 생각의 시작을 바라보면서 자세히 살펴야 합니다.

영적 분노와 자기 의지[10] 내려놓기

오래 보아야 식별이다

인생에서 하느님의 뜻을 어떻게 식별할까요? 하느님이 내 인생에서 무엇을 바라실까요? 다양한 분야, 인생의 순간순간, 매일 일어나는 크고 작은 상황에서 그분의 뜻이 나에게 어떻게 작용하는지를 알아차릴 수 있을까요? 사실 오늘의 사회는 더욱 강력히 우리가 인생에서 어떻게 하느님의 뜻을 식별할 것인가에 집중하도록 요구합니다.

이를 위해 먼저 우리가 하는 마음공부가 자기 의지를 내려놓는 수련이라고 말할 수 있습니다. 나를 내려놔야 하느님의 뜻을 만나

---

10 이 책의 모든 '자기 의지'에 대해서는 134쪽을 참고하세요.

기 때문입니다. 그렇다고 자신을 버리거나 내 팽개치라는 의미는 아닙니다. 이제 자기 의지를 내려놓는 겸손 수련에 관해 나누고자 합니다. 그런데 행동은 아직 아니더라도 의지를 내려놓는데 '왜 안 될까?' 하며 고민하거나 자책하지 말아야 합니다. 그보다 먼저 성찰과 식별을 통해서 '의지를 내려놓는다는 것이 무엇일까요?'라고 질문하며 이를 위해 생각과 마음을 들여다보면서 그 과정을 표현하는 것이 마음공부입니다.

이처럼 마음공부의 기본은 성찰과 식별인데, 성찰은 자신을 들여다보는 것이고 식별은 하느님의 뜻을 알아차리는 것입니다. 이것을 구체적으로 공부하고 설명하다 보면 자신의 의지도 내려놓을 수 있는 것을 경험하게 됩니다. 우선 마음을 온전히 들여다보려면 닫혀 있는 마음의 커튼을 활짝 젖혀봅니다. 곧 마음의 빗장을 풀고 열어야 들여다볼 수 있습니다. 마음의 문고리는 밖이 아니라 자기 마음의 안쪽에 있기에 누구도 열 수 없으며, 오직 자기 자신만이 문고리를 잡아당길 수 있습니다. 열어 보십시오! 그 순간이 건강한 마음으로 살아가려고 느낄 때입니다.

3년간의 코로나19 팬데믹은 우리가 마음 중심의 시대를 살도록 움직였습니다. 지금까지 몸이 중심된 세상은 많은 사람들에게 더 많이 갖고, 더 크게 짓고, 더 넓게 차지하도록 추구하였습니다. 하지만 바로 지금 마음 중심으로 살아가는 시대는 우리가 덜 갖고, 작게 지으며, 덜 차지하고 작은 것이라도 나누도록 안내합니다. 이는 물질만이 아니라 정신, 문화, 가치관 등을 말합니다. 지금까지 사람들이 자신 안으로 끝없이 소유하는 삶을 추구했다면, 이제는 자신 밖으로 나가 많이 나누고 전하는 시대를 살도록 특별히 하나밖에 없는 지구는 요구합니다. 이제 영혼, 마음 중심의 시대입니다. 하루에 잠시라도 마음공부를 어떻게 해야 할까요? 많은 종교인들이 그들 경전의 중심가치(유교, 불교, 그리스도교 등)를 체계적으로 알고 살아가는 것이 마음공부라고 말합니다.

몸의 열병과 영적 열병

고열환자가 병원에 오면 먼저 온도를 낮추는데 필요한 약품을 즉시 사용하지 않고, 먼저 열이 나는 원인이 무엇인지를 알아봅니다. 의대생들은 열이 있다는 것을 알기 위해 의학공부를 하지는 않습니다. 열이 심하게 오르면 환자가 무의미하게 헛말을 하는 경우도 있습니다. 이처럼 열병의 원인은 다양한데, 감염을 퍼뜨리는 미생물에 의해 발생하는 경우가 대부분입니다. 바이러스나 세균이 침투하고 증식하며 열을 일으킵니다. 우리에게 남은 것은 그것을 극복하려고 노력하는 것뿐입니다.

영적 삶에서도 열병이 발생합니다. 심리학자들은 열병은 누군가가 스스로 만들어냈다는 다음과 같은 고정관념을 이야기합니다. 한 번은 낯선 사람이 직원에게 "당신은 조만간 해고될 것입니다."하고 말했답니다. 그는 이 말을 아무런 근거도 없이 받아들였고, 그것을 믿고 생각에 생각을 깊게 하기 시작하였습니다. 그는 아침에 직장 사무실에 들어가서 인사를 하는데 웃음이 없이 뭔가 의심스러운 표정으로 인사하였고 사람들은 그 느낌을 알아차렸습니다. 그는 "분명히 직원들은 이미 뭔가를 알고 있는 것 같다"고 생각했습니다. 그러나 직장에서 안내실 직원만은 그를 매우 친절하게 맞이해주었습니다. 이것도 그는 분명 연민과 동정에서 비롯된 것이라고 믿었습니다. 이러한 의심은 영적 열병이 나타날 때까지 점점 더 커집니다. 그 첫 번째 징후가 약점입니다. 그는 일상적인 일에 대한 맛을 잃어버립니다. 그는 떨면서 다른 사람들에게 자신을 드러내는 것을 두려워합니다. 점점 몸의 온도가 올라갑니다. 그는 사소한 오해에도 분노합니다. 그는 일관되지 않게 말을 더듬습니다. 그는 자신을 위로하고 싶어 하는 사람에게 화를 내며 자신이 불안해하는 모습을 지켜봅니다.

고정관념과 자기 의지

심리학자들은 '고정관념'에 대해 이야기를 합니다. "자기 의지"에 관한 금욕적인 서적들은 그것을 큰 위험으로 규정하고 서둘러서 제거할 것을 권장합니다. '자기 의지'라는 표현에는 어려움이 있습니다. 자신의 의지를 파괴해야 한다는 말로 들리는데 그렇게 듣고 싶어 하는 젊은이들은 없을 것입니다. 그렇다면 그들은 회의적으로 대답을 할 것입니다. "그럼 나에게 남는 것은 무언인가요? 나는 그림자인가요?!" 하지만 베네딕도 성인부터 시작하여 진지한 영성 작가들은 자기 의지를 근본적으로 악덕, 곧 다른 악덕의 원인으로 지적한다는 점에 유의해야 합니다. 스튜디타의 성 테오도로에 따르면 수도원 장상들은 "아랫사람 곧 맡겨진 사람들의 뜻을 깨뜨리는" 일차적인 의무를 가지고 있습니다.

두 명의 활발한 소녀가 함께 공부했습니다. 그중 한 사람이 수도원에 들어갔습니다. 수련기간이 끝난 후 한 친구가 수도원의 친구를 방문했지만 더이상 수녀가 된 친구를 알아보지 못했습니다. 왜냐하면 무엇을 제안하든 수녀는 약한 목소리로 "원장 수녀님께 여쭈어 보겠습니다."라고 대답했습니다. 그런 다음에 그들은 세상에 대해 이야기를 했습니다. 수련자는 "우리 수녀들은 이런 것을 이렇게 봅니다."라고 말했습니다. 그 말을 듣고 친구는 자신의 의지가 모두 사라지고 누군가에게 책임을 돌리며 제한된 시야로 세상을 바라보는 친구가 안타까웠습니다.

우리에게 자문해 봅니다. 자신의 의지가 파괴되는 것을 이런 식으로 이해해야 하는가? 이는 그리스도교 덕성생활의 첫 번째 원칙에서 벗어나는 것입니다. 강한 의지를 키우는 것을 목표로 합니다. 거룩함을 얻으려면, 원하는 것만으로도 충분하다고 성 요한 크리소스토모는 말했습니다. 하지만 의지를 파괴한다면 어떻게 원할 수 있을까요? 우리는 여기에 오해가 있음을 알 수 있습니다. 성 요한 크리소스토모의 권고를 받아들이지만 그것을 의미하는 바는 더욱 깨달아야 합니다.

수행자들이 '자신의 의지'라고 부르는 것은 실제로 무엇일까요? 이에 대해 더 정확하게 이야기하는 작가 중 한 명은 6세기의 유명한 영적 아버지인 가자의 성 도로테오입니다. 그는 영적인 삶에 관한 아름다운 권고를 썼습니다. 성 도로테오는 매일 수많은 현명하고, 아름답고, 추한 생각들이 떠오르는 경험에서 시작합니다. 누군가를 총으로 쏠 생각만 한다고 범죄자가 되지 않는 것처럼, 단지 현명한 생각을 했다고 해서 현명해진 사람은 아무도 없습니다. 이 생각은 사람이 그것을 자유롭게 즐기고 발전시키기 시작할 때 비로소 위험해집니다.

자기 의지와 자유 의지

영적 열병을 일으키는 것도 바이러스와 세균 등의 미생물들과 같습니다. 영적인 삶은 생각과의 끊임없는 싸움 속에서 발전합니다.

우리는 가능한 빨리 좋은 생각을 구별하고 유지하며 나쁘고 쓸모없는 생각을 거부할 준비가 되어 있어야 합니다. 하지만 그것이 간단할까요? 항상 그런 것은 아닙니다. 때때로 정말 범죄적인 생각이 우리에게 떠오릅니다. 심리묘사의 대가 세익스피어는 아내가 불성실하다는 암시를 받은 오델로의 작품을 우리에게 선사합니다. 오델로는 이 제안에 굴복하고, 이를 발전시키고, 그것을 증명할 징후를 찾아내고, 결국 무고한 여성의 살인자가 됩니다. 그는 어떤 실수를 했나요? 많은 의심과 나쁜 생각이 떠오를 수밖에 없습니다. 하지만 그것을 쥐고 그것이 옳다는 것을 증명하려고 하면 그것은 나빠집니다.

그리고 우리가 그 생각과 더 많은 시간을 보낼수록 그 설명은 우리 안에서 더 많은 힘을 얻습니다. 추악한 생각이 좋다고 스스로 확신하는 이러한 비뚤어진 습관을 영적 작가들은 '자애적으로 흐르는 의지', '이기심에서 나오는 자기 의지'라고 부릅니다. 신중한 사람들은 자신을 파멸로 이끄는 이러한 해로운 생각을 잊어버리라고 조언합니다. 하지만 사람들은 이런 조언을 간과하곤 합니다. 그러면 누가 도울 수 있나요? 글쎄요. 자기 스스로 의지를 파괴한 것입니다. 그러므로 영성 작가들의 언어로 표현하자면 자신의 나쁜 의지를 억제한다는 것은 자유 의지를 감소시키는 것이 아니라 좋은 계획을 위해 그것을 남겨두는 것을 의미합니다. 강한 의지는 하느님의 선물이며, 추론하는 지성도 마찬가지입니다.

문제는 자기 의지로 무의미한 일을 다룰 때입니다. 사람은 속기 쉬우므로 선한 영적 아버지에게 자신의 생각을 밝히는 것이 바람직합니다. 이것은 우리가 생각하는 모든 것을 영적 아버지에게 말하는 것이 아니라 우리가 그것을 따르도록 강요하는 생각만을 말하는 것을 의미합니다. 심각한 수술을 해야 하는 현명한 의사라도 동료에게 의견을 구합니다. 신중한 사람은 자신을 따라야 한다고 끈질기게 같은 방식으로 행동합니다. 우리는 영적인 열병을 일으키는 바이러스나 세균의 미생물이 되어서는 안 됩니다. 영성가들은 하느님의 도움으로 우리가 마음을 건강하고 평온하게 유지하며 모든 선을 행할 준비를 갖추기에 충분한 힘을 갖게 된다는 데 동의합니다.

식별력, 마음 성찰로부터

그런데 우리들이 성찰하고 분별에 힘쓰는 이유가 무엇일까요? 그것은 일상에서 그리고 나의 인생에서 작동하는 하느님의 뜻을 알기 위해서입니다. 예수께서 말씀하신 '가라지의 비유'를 자세히 들여다봅니다. 종들이 집주인에게 가서 "주인님, 밭에 좋은 씨를 뿌리지 않았습니까? 그런데 가라지는 어디서 생겼습니까?" 하고 묻자 집주인은 "원수가 그렇게 하였구나."(마태 13, 28)라고 합니다. 종들이 다시 "그러면 저희가 가서 그것들을 거두어 낼까요?"(마태 13, 28) 하고 묻자. "아니다. 너희가 가라지들을 거두어 내다가 밀까지 함께 뽑

을지도 모른다."(마태 13,29)라고 집주인은 말합니다. 이렇게 무조건 가라지를 뽑는 것보다, 원수(악마)가 그리한 것이니 다음을 잘 대처하라는 예수님의 말씀처럼 예방 식별을 하는 것이 우선합니다.

식별력을 기르는 것은 총명한 사람이 되는 것이나 특별한 사례를 말하지 않습니다. 식별력은 하느님을 바라보는 것이고, 성찰은 자신을 바라보는 것으로서 우리 삶의 중심에서 하느님의 뜻이 움직이는 것을 들여다보고 그 뜻에 나의 영혼이 어떻게 반응하며 움직이는가를 탐색하는 것입니다.

결국 하느님 안에 자기 자신을 놓고 바라보는 것입니다. 그런데 너무도 바쁘게 돌아가는 일상생활 안에서 타인과 하느님은 잘 바라보지만, 정작 자신을 바라보는 데 소홀합니다. 타인을 알고 자신을 알면 늘 이긴다는 손자병법의 지피지기(知彼知己)와 관련이 있어 보입니다. 그러므로 식별은 자신에게 주어진 선과 자신이 행사하는 선, 그 사이를 연결하는 통로입니다. 그래서 스스로 받은 선과 행하는 선을 잘 식별해야 합니다. 그런 점에서 우리는 통로입니다. 선들 사이의 통로 말입니다.

식별력에 필수로 요청되는 것이 양심 성찰인데, 이는 양심의 가책을 살피는 데 필요합니다. 삶에서 나쁜 생각은 악습의 수만큼 종류가 많습니다. 손과 나무로 비유하면 손가락은 덕목들인데 가까이 붙어있고, 나뭇가지들은 악습인데 이것들이 다 떨어져 있어 서로 다르지만 뿌리는 하나입니다. 이처럼 덕목들은 차이가 있지만 손가락처럼 서로 연결되어 같이 자라고, 악습과 결점은 종종 서로 반대하지만 깊은 뿌리를 만들고 있다는 공통점을 가지고 있습니다.

그러면 선은 어디서 오고, 악한 생각은 어떻게 들어올까요? 선은 자연과 하느님과 천사로부터 오고, 나쁜 생각은 인간의 자유로운 결정에서 자기 뜻대로만 살아가는 순간 안에 들어옵니다. 그리스 교부들은 사악한 생각의 마지막 원천이 무질서한 사랑으로서 자기애와 이기주의라고 고백합니다. 그렇기 때문에 영적 동반자와 영혼 돌봄자는 악습들을 구별할 수 있게 도와주는 초대된 영의 사람이었습니다. 가자의 성 도로테오에 따르면, 인간과 하느님 사이에 서 있는 청동으로 된 딱딱한 벽이 존재합니다. 바로 이것이 스스로 거부하는 완고함이며 우리는 모두 이것을 무너뜨리도록 초대되었습니다. 곧 이것이 인간의 완고함의 결정판인 악습과 칠죄종인데 우리는 이것들로부터 넘어서도록 양심 성찰을 하며, 고해성사 보기를 독려합니다. 하지만 무엇보다 첫째로 시작해야 하는 것은 양심 성찰입니다.

나쁜 생각의 뿌리, 이기심

악한 생각의 뿌리

성경과 영성에 관한 강좌를 듣고 공부할 기회가 많아졌습니다. 그런데 코로나19의 시대를 거치면서 우리는 성경과 영성을 체계적으로 공부하고, 이를 삶에 적용하는 자기 수련을 스스로 해볼 필요가 있습니다. 우리가 코로나19 팬데믹의 터널을 나오면서 세상은 그동안 몸 중심에서 마음 중심의 시대가 되고, 우리가 내면의 세계와 접촉하도록 초대를 받았습니다. 자기 수련은 교회에서 영혼의 내적 경험을 지닌 수도자가 오랜 세월 수련하는 삶을 거쳐 만들어진 원리입니다. 의대생이 공부와 수련을 잘하고, 의료 경험을 통해 전문의가 되듯이 말입니다.

사람은 자신을 이해하지 못하면 자기와 관계 맺는 사람에 대해서도 그럴 수 있습니다. 그래서인지 만나면 불편하기만 한 사람이 있습니다. 자기 안에 있는 결점들이 투사되기 때문입니다. 그러므로 자기를 들여다보는 훈련과 함께 상대에게 갖는 불편한 마음을 스스로 들여다보아야 합니다. 영혼의 식구들인 생각과 마음이 친구로서 관계를 맺기 위해서는 대화를 하면 되듯이 말입니다. 마치 어린 시절에 좋아하는 이성이 생기면 연애 박사인 친구에게 고민을 털어놓듯이, 수련을 하는 사람은 함께 이야기를 들어주고 기도하며 한 걸음씩 걸어가는 영적 동반자의 도움이 필요합니다. 서로에게 조심해야 할 것은 어려움을 호소하는 사람에게 조언한다며, '하느님은 사랑받는 이에게 고통을 주신다'와 같은 거짓 위로는 삼가는 것입니다. 지지적 자세로 상대의 말을 판단과 조언 없이 진심으로 진실로 바라보며 경철하는 것입니다.

성경과 교회의 전승이 비추어 준 바르고 빛나는 이성적인 주제들을 기초로 자신의 원리를 담아 실행하는 자는 옳은 길을 걸어가는 사람입니다. 그들에게 종종 확신을 요구하는데 이것이 의로움의 욕구, 자기변호입니다. 하지만 안타깝게 사악한 생각의 뿌리는 이기주의입니다. 그 안에는 조심해야 하는 위험한 착각과 환영(幻影)도 숨어있습니다. 스스로 생각하면서도 확신을 갖지 않은 사람은 반대하는 모든 생각에 대항하여 자신의 것을 유지하고자 지속적으로 무엇인가를 반복적으로 찾습니다. 완고함이 그렇게 태어납니다. 그런데 분명한 것은 의로운 주장이 지지되고 의지와 만나면, 인간에게 악은 사라진다고 도로테오는 말합니다.

공자는 "배우기만 하고 생각지 않으면 망하고, 생각만 하고 배우지 않으면 위태롭다.[학이불사즉망(學而不思則罔), 사이불학즉태(思而不學則殆)]"라고 하였습니다. 바른 생각을 할 수 있으나 경험이 없고, 불확실한 생각을 가진 사람이 확신이 없으면 자기의 생각을 반대하는 것에서 더욱 완고해집니다. 그런데 악은 의로움과 겸손 속에서 힘을 발휘하지 못합니다. 영적 수련을 돕는 동반자는 아픈 사람과 함께하는 도우미입니다. 로욜라의 이냐시오 성인은 '영신수련'에 대하여 온갖 무질서한 애착을 갖게 하는 것이 무엇이고, 그것을 없애도록 정신을 준비하고 내적 자세를 갖추며 그다음에 영혼의 구원을 위하여 인생에서 하느님의 뜻을 찾고 발견하는 모든 방법이라고 설명합니다. 그러므로 애착하는 그것을 없애고 이겨내기 위해서는 영에 나의 영혼 주파수를 맞출 필요가 있습니다. 이것이 애착 타파입니다. 그때 이 생각은 영과 접촉하는 안테나가 되고, 마음에 거주하는 영혼의 통로 역할을 합니다.

영재 학생을 교육하는 수업을 보면, 주입식이 아니라 학생 자신만의 생각을 끌어내어 창의성을 발휘하고 과제물을 만들어냅니다. 교육(Education)은 '안에 있는 것을 스스로 나오게' 합니다. 그러므로 중요한 것은 서두르지 않고 '마음 안에서 나오는 시간'을 인내로 기다리는 것입니다. 우리나라는 지난 70년 동안 경제 성장뿐만 아니라 종교심과 교회 성장도 빠르게 이루어냈습니다. 이제 서두르지 말고 자기 의지를 내려놓고, 마음을 여는 겸손 수련이 요청됩니다.

겸손에 반대하는 이기주의는 여덟 가지 나쁜 생각과 칠죄종의 뿌리이고, 교만입니다. 하지만 겸손 수련을 실행하는 영적 식별과 성찰의 목표는 사랑 실천입니다. 예수께서는 광야에서 사탄이 벌인 '탐식', '탐욕', '허영'의 3가지 유혹을 당하셨습니다. 영적 동반에서 역시 동반자의 부정적인 솔직함과 당돌함은 상대방에게 무례하다는 허영으로 드러날 수 있습니다. 다시 강조해도 지나치지 않는 것은 영적 동반을 할 때 내담자 곧 상대방이 어려운 고민을 고백하는 순간, 영의 동반자는 이런저런 것을 해야 한다는 강요를 말하지 않습니다. 곧 허영에 대항하기 위해서 우월함이나 탁월함으로 스스로 자만하지 않는 것이 중요합니다.

다른 사람들로부터 인정을 받으려는 것에 집착하지 말아야 하지만, 경험의 데이터에서 보면 부부관계에서만큼은 아내는 남편에게 '엄지척!' 하며 인정해주고, 남편은 아내에게 고개를 끄덕이며 공감해주면 지혜로운 부부생활이 됩니다. 그러므로 내려놓기란 모든 걸 내팽개치는 부정이 아니라, 겸허함을 수락하는 받아들임입니다. 주님께서는 "끝까지 견디는 이는 구원을 받을 것이다."(마태 10,22)라는 말씀같이 인생에서 저항이 아니라 수용을 살아가도록 초대하십니다. 주님께서는 또한 "나는 마음이 온유하고 겸손하니 내 멍에를 메고 나에게 배워라."(마태 11, 29) 하십니다. 무거운 짐은 예수님이 지고 계십니다. 그러므로 예수님을 통해서 자신을 내려놓는 수련을 배우면 됩니다.

어떻게 나쁜 생각과 싸울까?

생각은 사고하는 능력, 지성, 이성, 통치하는 능력, 영의 영역과 관련이 있는 것을 뜻합니다. 그러므로 생각은 지적활동의 산물이고, 사고력입니다. 하지만 생각은 직관적 능력인 정신이 아니라 산만한 이성이 만드는 것이라는 점에 우리는 특별히 주목해야 합니다.(참조: Dorotheus, Instruction 13. 147; SCh 92:417. 이성적 생각에 관해)

그런데 모든 생각이 다 악한 것은 아닙니다. 왜냐하면 모든 생각이 하느님을 아는데 장애가 되는 것은 아니기 때문입니다. 오직 생각이 악하게 되는 것은 다음 두 가지의 경우입니다. 하나는 '성급함'입니다. 곧 영혼(생각과 마음)의 분주함에서 급하게 움직일 때, 생각은 악하게 됩니다. 다른 하나는 '육욕의 힘'입니다. 육적인 힘이 마음을 공격하여 생각을 악하게 하고, 본성에 반대되는 생각이 되며, 그래서 그런 생각이 악한 것이 됩니다.(Evagrius, Kephalaia gnostika VI, 83)

그러므로 악한 생각이 '죄악의 씨앗'인 것입니다.(Athanasius, Expositio in Psalmo 20.11:PG 27:1290) 하지만 선한 생각은 미덕의 근원입니다.(Gregory of Nyssa, De vita Moysis, PG 44:328) 그러므로 우리는 마음속에 존재하는 선한 생각을 길러내야 합니다.(참조: Dorotheus, Instruction 12. 129; SCh 92:389) 이점에서 양심의 소리도 영혼의 본질에 대해서는 생각과 같습니다. 오리게네스는 양심의 소리들을 순수한 생각과 순수하지 못한 생각으로 구분하였습니다.(In Proverbia 7;

PG 17:181B) 그러므로 선한 생각과 나쁜 생각을 구분하면 다음과 같습니다.

선한 생각. 선한 생각으로 나타나는 것들은 다음과 같습니다.
자연스러운 생각, 사랑하며 드는 생각, 기도하는 순간 드는 생각, 영적인 생각, 경건한 생각, 영지적 생각, 신적인 생각, 관상하는 순간 드는 적합한 생각, 거룩한 생각. 이 모든 선한 생각은 고백자 막시무스의 주장(Maximus Confessor, Ad Thalassium, quaestio 22; PG: 808B)입니다.

나쁜 생각

교부들과 영성가들은 악한 생각에 더 많은 관심을 두었습니다. 그러면 악한 생각, 나쁜 생각은 어디에서 오고 언제 나타날까요?
악한 생각은 악마 같은 생각이고, 열정의 부정적인 순간에 들며, 오직 인간적인 것만을 생각할 때 생겨나며, 자기 자신의 의지에서 나오는 생각에서 나타납니다. 이상의 나쁜 생각은 도로테우스의 주장입니다.(Dorotheus, Instruction 11.116;SCh 92:363;CS 33:171)

영성가들이 수덕수련을 하는데 있어서 그 기원에 따르면, 생각, 또는 생각들은 그 자체로 악한 생각, 나쁜 생각을 지칭하는데 사용되었습니다.(참조:Stephanus Bettencourt, 'Doctrina ascetica Originis', Studia Anselmiana 16 Rome, 1945. 77ff)

하지만 신약성경에서 부정적인 형용사 없이 복수 형태로 사용된 생각들이 한 번 나오고, 단수나 복수 형태의 부정적인 의미로 사용된 생각이 아주 여러 번 나옵니다.

"그리하여 당신의 영혼이 칼에 꿰찔리는 가운데, 많은 사람의 마음속 생각이 드러날 것입니다."(루카 2, 35)

예수님께서는 그들의 생각을 아시고 대답하셨다. "너희는 어찌하여 마음속으로 의아하게 생각하느냐?"(루카 5, 22)

예수님께서 그들의 생각을 아시고 손이 오그라든 사람에게, "일어나 가운데에 서라." 하고 이르셨다.(루카 6, 8)

제자들 가운데 누가 가장 큰사람이냐 하는 문제로 그들 사이에 논쟁이 일어났다. 예수님께서는 그들 마음속의 생각을 아시고 어린이 하나를 데려다가 곁에 세우신 다음 그들에게 이르셨다.(루카 9, 46-48)

그러자 예수님께서 그들에게 이르셨다. "왜 놀라느냐? 어찌하여 너희 마음에 여러 가지 의혹이 이느냐?(루카 24, 38)

"사람에게서 나오는 것, 그것이 사람을 더럽힌다. 안에서 곧 사람의 마음에서 나쁜 생각들, 불륜, 도둑질, 살인, 간음, 탐욕, 악의, 사기, 방탕, 시기, 중상, 교만, 어리석음이 나온다. 이런 악한 것들이 모두 안에서 나와 사람을 더럽힌다."(마르 7, 20-23)

교만의 치료제, 겸손

악습의 뿌리, 교만한 마음
그 반대의 마음, 겸손

교만은 모든 생각과 마음, 곧 영혼이 지은 죄와 악습의 뿌리이며 시작입니다. 악습에 교만은 마지막에 있고, 칠죄종의 시작은 교만입니다. 모든 죄와 악습의 시작과 끝은 교만입니다. 루카 복음에서 어리석은 부자는 자신의 모든 재산을 두기 위한 큰 곳간을 지어 곡식과 재물을 모아 두려고 합니다. 그러자 하느님께서는 "어리석은 자야, 오늘 밤에 네 목숨을 되찾아 갈 것이다."(루카 12,20)라고 하시며 자신을 위해서는 재화를 모으면서 하느님 앞에서는 부유하지 못한 사람이 바로 이러하다고 하십니다. 부자의 문제는 무엇일까요? 열심히 일을 했지만 더 이상 주님의 축복을 원하지 않았던 어리석은 부자는 교만한 자였습니다.

교만한 마귀가 수도자에게 물었습니다. "그대는 단식을 얼마나 하시오?" 수도자는 "일주일에 세 번 합니다."하고 대답했습니다. 마귀는 "나는 아예 밥을 먹지 않는다오."라고 응했습니다. 다시 마귀는 수도자에게 "기도를 하러 몇 시에 일어납니까?" 물으니, 수도자는 "새벽 4시에 일어나 기도합니다." 하였습니다. 마귀는 "나는 아예 잠을 자지 않소이다." 무엇이든 상대를 이겨내려는 교만한 마귀의 이야기입니다.

우리가 하느님을 잊고 사는 것은 언제입니까? 이처럼 하느님을 망각한다는 것은 허영심의 표출입니다. 이웃과 동료 중 자기가 가진 명품을 자랑하면 그것은 허영의 시작이고, 그것이 처음부터 끝까지 가면 교만이 됩니다. 허영과 교만은 매우 가깝게 거리를 두고 영향을 주고받습니다. 그런데 "열심히 신앙생활을 하는 신자에게도 교만이 찾아오나요?" 하고 질문을 종종 받습니다. 물론입니다. 자신은 열심히 기도하며 덕망 있고, 훌륭하다고 생각하면서 그렇게 행동하지 않으면, 복음서에서 자주 만나는 바리사이와 율법 학자의 모습입니다. 또한 뭔가 부족하고 불완전한 형제를 경멸한다면 이것은 완덕에 가까워진 사람이 겪는 아주 큰 위험입니다.

교만은 모든 죄 중에 제일 큰 것이고, 악마의 유혹에 빠지는 주된 죄가 됩니다. 죄의 근원이며 원천인 교만은 모든 나쁜 생각을 몰아내도 그것이 마음에 남아 있으면 다시 생겨납니다. 교만이 종말을 맞게 되는 것은 오직 겸손에 의해서입니다. 올바른 행동은 자신의 의지와 뜻을 하느님께 돌리는 것이며, 교만은 겸손을 살아갈 때 종말을 맞습니다. 그래서 악마는 실제로 행하는 선행을 흉내 낼 수는 있지만 사랑과 겸손의 힘은 없습니다.

교만은 기도할 수 없는 반대의 모습입니다. 그런데 악마와의 전쟁은 어디서 발생할까요? 바로 마음에서 일어납니다. 도스토옙스키(Dostoevskii, 1821-1881)는 "하느님께서 악마와 싸우는 장소가 인간의 마음이다."라고 고백합니다. 그런데 악마를 발견한다면 어떻게 해야 할까요? 즉시 무시하고, 그 생각을 걸러내는 식별과 성찰로 마음 안의 감정이 흐르게 하여 다스립니다. 하지만 '자포자기'와 '자기 의지'를 내려놓기는 다릅니다. 자포자기는 실망이고 하느님을 믿지 않는 것이라면, 내려놓기는 신뢰와 마음을 여는 겸손수련입니다.

고해성사를 하기 위해 성찰을 준비할 때는 교만을 내려놓습니다. 일상생활에서 교만을 내려놓는 방법으로 무엇이 있을까요? 이는 표현되고 실행할 때 어려움이 있으니 부정적인 자기 의지 내려놓기와 주님께 의탁하기를 통해서 겸손을 실천할 수 있습니다. 그러나 외적인 겸손만이 아니라, 내적인 겸손이 중요합니다. 세례자 요한은 자신이 광야에서 외치는 이의 소리에 불과하며(요한 1, 23), 그분의 신발 끈을 풀어 드리기에도 합당하지 않다(요한 1, 27)고 하였습니다. 교만을 이겨내기 위해서는 예수님께 자신을 맡기고, 말씀과 함께 그분께 열어놓는 수련을 합니다. 결론으로 복음서의 주님 사랑이 구체적으로 무엇이냐고 묻는다면, '겸손한 마음'이라고 말할 수 있습니다.

완고함, 열정, 분노를 거슬러 반대로 행동하기

양심 성찰을 잘한다는 것은 영적 동반자와 일관되게 동행하면서 악습과 나쁜 생각을 구별하는 훈련을 받는 것입니다. 군인이 훈련을 잘하면 여러 상황, 특히 실전에서도 자신을 보호합니다. 그런 능력 또한 하느님께서 주신 것입니다. 그런데 완고함은 가족과 공동체에서 중요한 갈등의 요소가 될 뿐만 아니라, 순간적으로 발생하는 다툼에서 생깁니다. 교회의 경험에서 볼 때 완고함은 열심한 신자들 사이에서 종종 나타나곤 합니다.

그렇다면 어떻게 완고함이 발생할까요? 생각과 의견은 하느님에게서 왔지만, 열정이 오히려 나를 지배하여 그 감정에만 빠진 채 서둘러 움직일 때 완고함의 싹이 고개를 듭니다. 열정이 찾아 들어간 감정은 좋은 생각을 없애버리고 자기감정대로만 하게 될 수 있는데, 그 경우 배가 산으로 가는 지경이 됩니다. 그래서 이렇게 각자가 가지고 있는 왜곡된 감정은 완고함이 됩니다. 믿는 이들에게 용서와 일치를 실천하려는 신앙생활은 지혜롭게 보입니다. 하지만 자기 안에서 움직이는 영혼(생각과 마음)의 표현을 하는 데는 힘들어합니다. 그러다 보니 인간관계에서 틀어진 감정적 서운함도 많아져 완고함이 생깁니다.

신자들 사이에 다툼으로 상처가 있을 때, 사건은 해결되었어도 분노가 흘러가지 못해 종종 공격적 감정이 남아 있는 경우를 봅니다. 이는 완고함이 마음의 길을 막았기 때문입니다. 이처럼 인간관계에서 합리적 대화가 이루어져도 마음 한켠에 불편함이 남기도 합니다. 그런데 완고함의 형태가 유연해지면 마음이 차차 풀립니다. 그렇다고 완고함을 없애버려야 하는 원수로 대하기보다는 잘 대해주는 악동 친구 정도로 여기면 됩니다. 그렇다고 자기가 지닌 자유의지를 무조건 배제하는 것은 아닙니다. 곧 덕의 기초인 자유의지의 힘을 줄이거나 부수지 말아야 합니다. 그러므로 '반대로 행동하기(Agere Contra)'가 해답입니다. 맹목적인 순종을 권하는데도 불구하고 상대방이 그 순종을 하지 않아도 괜찮다는 것을 먼저 제안할 수 없습니다. 문제는 늘 맑은 생각이 아니라, 열정의 생각입니다. 곧 생각에 성향이 첨가되고 악에 이끌리는 힘과 매력의 열정이 생겨나기 때문입니다.

본당에 모자를 쓰고 미사에 나오는 자매가 있었습니다. 그 자매를 유심히 보던 한 교우가 다가와, 미사 중에는 모자를 쓰는 게 아니라고 했습니다. 자매는 자기 모자를 더 꾹 눌러쓰며 미사를 참례하였습니다. 그 후 자매를 성당에서 볼 수 없었습니다. 자매는 항암치료 중이었습니다. 외모로 상대를 판단하여 상처를 준 경우가 되겠지요. 이처럼 영적 동반에서도 내담자에게 'must', 'should', '해야한다'고 표현하는 것은 바람직하지 않을 수 있습니다.

식별의 시작은 생각에서 열정을 분리하는 것입니다. 그럴 때 생각에 맑음과 순수함을 선사합니다. 생각의 순수함이란 하느님의 뜻을 담는 것입니다. 성경, 대자연의 아름다움, 자신의 맑은 마음에서 작용하는 하느님의 뜻을 알 수 있습니다. 그러므로 우리는 이러한 식별을 비이성적 열정이 작용하는 움직임과 구별해야 합니다. 그런데 열정이 드러내 보이는 특징이 있습니다. 바로, 행동이 빨라지게 합니다. 필자의 경험에서 볼 때 생각이 많은 사람은 본인이 힘들고, 생각이 없는 사람은 주변인이 힘든 경우가 많습니다. 여기서 생각이 많은 이들에게 열정은 서두르고 급하게 하여 완고함 또한 움직이게 합니다.

영혼의 두 속성, 사랑과 자유

영혼의 감성을 느껴보실래요?
내 안의 재능(talent) 발견하기

그림자 없이 어떻게 빛이 있고, 영적인 싸움 없이 어떻게 인생의 삶을 통과할 수 있을까요? 내 안에 죄 혹은 사탄이 없고, 선만 나타나면 행복하겠지만, 내면에 자리 잡고 있는 죄와 유혹은 각자의 권리를 주장하기 때문에 그 싸움을 피해 갈 수 없는 현실입니다. 뿐만 아니라 더불어 사는 많은 이가 나와 같지 않고, 내 안의 생각과 마음도 다르게 움직입니다. 그래서 나를 잃지 않고 나다운 삶을 위한 영적 여정인 영혼 돌봄을 시작하고자 합니다. "너희는 머리카락 하나도 잃지 않을 것이다. 너희는 인내로써 생명을 얻어라."(루카 21, 18-19)라는 말씀에 힘입어서, 나는 행복하게 영혼을 돌볼 수 있습니다.

마음을 알아차리는 것과 마음에 빠져드는 것은 다릅니다. 감정은 신호이기 때문에 우리는 항상 자신에게 이렇게 말해야 합니다. "네 잘못이 아냐! 네 마음은 옳아!" 감정은 자신에게 항상 옳기에 부정적인 감정이란 사실 존재하지 않습니다. 다만 그 감정의 메시지를 알아차려야 합니다. 감정은 영혼의 소리이기 때문입니다.

이제 생각과 마음을 챙기는 영혼 돌봄에서 생각과 마음의 연관성을 살펴봅니다. 특별히 마음을 들여다보면 감정을 이해할 것입니다. 영혼 돌봄에서 중요한 것은 항상 생각과 마음을 견주면서 접촉하고 살펴야 합니다. 계산하는 생각과 다스리는 마음은 다르게 움직이기 때문입니다. 손자병법에 따르면 '지피지기(知彼知己)'면 백전백승이라고 한 것처럼 '지피'의 생각과 '지기'의 마음을 알아차리면, 영혼은 마음과 생각이 다르게 움직이지만 한 식구이기 때문에 각자의 영혼을 이해할 때, 상대의 것도 이해하는 것이고 이것이 영혼 돌봄이 되는 것입니다.

영적 감각에 대해서 이야기해보면 더욱 느낄 것인데, 하느님께서 선물로 주신 감각들인 영적 감각을 이해하는 것이 영혼을 돌보는 데 매우 유익합니다. 생소하게 들릴 수 있지만, 사람들은 각자가 하느님으로부터 받은 소위 자기만의 탈렌트 능력을 가지고 있습니다.

선물같은 다음의 재능들은 영혼의 감성을 느끼는데 아주 유용합니다. 노래를 잘하는 사람, 숫자에 뛰어난 사람……. 이처럼 사람들은 각자의 특별함을 지닙니다. 내가 아는 예수회 K신부님은 대학에서 건축을 전공하고 일을 하시다가 늦게 사제가 되었습니다. 결코 순탄치 않은 사제의 삶을 아름답게 은퇴하시고, 지금은 대학시절 설계하며 발견한 그림 소질을 다시 찾아 신앙의 이미지들을 그리며 지내십니다. 전시회를 하여 기금을 모아서 재소자들, 선교사들을 돕는 재미로 사십니다. 어느 수녀님이 교구청 관리국에 계셨는데, 수녀님은 숫자만 보면 머리가 맑아지고 기분이 좋아진다고 하셨습니다. 숫자에 약한 저로서는 숫자를 보면 머리가 아프고 이해할 수 없었기에 이유를 물었습니다. 수녀님은 "숫자는 거짓말을 안 해요."라고 대답하셔서 놀랐습니다. 이렇게 하느님은 사람에게 자신만의 다양한 재능을 주셨습니다. 아마도 이 재능을 통해서 마음의 평안을 느낀다면 얼마나 풍요로운 영혼으로 살아갈 수 있을까요?

영혼 안의 사랑과 자유 느끼기

영적 감각은 하느님께서 누구에게나 주셨습니다. 안 받은 것처럼 느끼면 아직 자신의 영적 감각을 발견하지 못했기 때문입니다. 영적 감각은 자신의 감각을 발견하는 것으로 가능합니다. 중요한 감각의 가치는 내면에 들어 있습니다. 내면의 깊은 영혼 속에 비가시적인 형태의 사랑과 자유로 존재합니다.

그리스도교는 사랑과 자유의 종교입니다. 예수님께서 그러셨듯이 평범한 일상에서 사람들이 그들의 영적 감각인 사랑과 자유를 발견하도록 우리 곁으로 오셨습니다. 예수님께서는 보통 가정에서 하느님의 사랑과 자유의 성령을 통해 태어나 자랐고, 돌봄과 보살핌을 받을 사람들과 어울려 사셨습니다. 그 순간 예수님이 살아가신 하느님의 연민과 자비가 하느님의 사랑과 자유의 마음입니다. 그러므로 아기 예수님은 하느님의 사랑과 자유의 표징이 되셨습니다.

복음서에서 하느님의 징표는 '아기'입니다. 하느님의 표징은 하느님 스스로 우리를 위해서 자신을 작게 만드는 것인데, 이것이 신국(神國)에서 그의 통치 방식입니다. 사랑과 자유로 하느님이 우리 중의 하나가 되셨는데, 그것은 우리가 그분과 함께 있고, 그분과 비슷해질 수 있기 위해서입니다. 하느님은 마구간에서 돌봄 받을 갓난아기를 자신의 인간 모습으로 선택하셨습니다. 우리는 이 방식을 통해서 그분의 사랑과 자유를 배우도록 초대받았습니다. 하지만 보통사람 예수님은 천국, 사랑, 구원의 주제를 가진 비유들, 행복, 기도, 정화, 십자가, 부활 등에 대한 이야기를 나누고, 보여주며 마지막으로 일상에서 부활하셨습니다. 삶의 평범함 속에서 예수님은 사랑과 자유를 영의 선물로 주셨습니다.

예수님은 어떤 모습으로 오셨을까요? "너희는 포대기에 싸여 구유에 누워있는 아기를 보게 될 터인데, 그것이 너희를 위한 표징이다."(루카 2, 12). 바로 사람에게 드러나는 사랑과 자유의 표징입니다. 예수님은 구유에서 태어나 흰 포대기에 누워 계시는데, 포대기는 한편 돌아가실 때 예수님께서 입으실 수의를 상징합니다. 우리를 위해 돌아가시기 위해 태어나신 분이 예수님이십니다. 구유는 말의 밥통을 뜻하며, 우리를 위해 밥, 곧 양식의 상징입니다. 보통사람 예수님은 평범한 일상 속에서 '죽어야 산다'는 깊은 역설을 생명의 깊은 표징으로 드러내십니다. 이 표징의 축복이 영적 감각의 선물로서 우리에게 전해졌습니다. 그래서 우리는 성탄을 기쁘게 보내면서 그 깊은 영적 상징을 묵상해 보시길 권합니다.

자유와 사랑

자유는 마음의 주인이고, 사랑은 영혼의 주인입니다. 마음속 자유가 그 영적 감각을 살리고, 영혼 속의 사랑이 그 영적 감각을 태어나게 합니다. 자유와 사랑은 마음과 영혼 속에서 꽃을 활짝 피게 하고, 열매를 무르익게 하는 단지 이론이 아니라 영성 생활을 하는 수도자들의 오랜 삶에 근거를 둔 것입니다.

이처럼 '자유와 사랑'은 영과 함께 오는 신의 선물이고, 자유와 사랑이 높고 넓은 곳으로 '몸과 영혼'을 거쳐 갈 때 참되고 선한 것을 갈망합니다. 마음의 의지는 여전히 몸의 본성에 묶여있고, 그것이 영혼과 통하여 '사랑과 자유'의 영과 소통하면서 자신의 '몸과 혼과 영'이 서로 접촉하여 그 능력이 하나가 됩니다. 결국 자신은 하느님으로부터 오는 '자유와 사랑'을 통하여 영혼의 목표에 도달합니다.

그리스도교는 초기 로마제국이 벌인 박해로 드러난 '순교 영성'이 마감되고, 종교 자유와 함께 '동정 영성'이 시작합니다. '동정 영성'의 토대는 성경이었습니다. 초기 그리스도교는 창세기의 아담과 하와가 하느님처럼 되길 원했고, 선악과를 탐식한 결과 실낙원이 된 죄를 어떻게 기워 갚아야 할 것인가에 대해 성찰했습니다. 그래서 교회가 단식을 해야 하는 근거에 대해서 고민이 많았습니다. 신약의 예수님은 광야에서 40일을 단식하셨지만, 공생활에서는 항상 제자들과 많은 이들과 함께하시면서 '먹보요 술꾼이다.'(마태 11, 19 참조)라는 소리를 들으셨습니다. 반면 세례자 요한은 꿀과 메뚜기만 먹고 낙타 털옷을 입었습니다. 초기 교회 때 그리스도인들은 아담과 하와의 실낙원을 상기하며 단식하는 이유를 찾았습니다. 그렇다면, 지금의 '단식은 어떻게 할까요?' 바로 이웃 사랑을 위해서 자유롭게 합니다. 그것이 교회가 실천하는 예수님의 '사랑과 자유'입니다. 곧 예수님의 카리타스 사랑(charity)과 십자가에서 값을 치른 자유(costly freedom)입니다.

나를 살리는 영혼의 표현

마음의 주인 자유와 영혼의 주인 사랑

내 안의 영적 감각은 사랑과 자유의 표현을 통해서 자라납니다. 영적 감성의 성장은 사랑과 자유의 대화로 가능하고, 영적 감성의 성숙은 사랑과 자유 속에서 드리는 기도로 가능합니다. 기도는 대화입니다. 우리에게 영적인 토대는 자유와 사랑으로 소통하는 대화입니다. 사람은 '말해야 산다, 풀어야 산다, 통해야 산다.'고 할 만큼 '대화하는 존재'이기 때문입니다.

성장하게 하는 것이 자유롭게 대화하는 것이라면, 성숙하게 하는 사랑은 기도에 몰입하도록 합니다. 이처럼 영적 감각은 참으로 대화할 때, 기도할 때 선물 받게 됩니다. 대화에서 집중하고, 기도로 몰입하는 것이 영혼을 살리는 표현들입니다. 그래서 영적 감각은 피는 꽃과 무르익은 열매와 같습니다. 영적 감각을 충분히 발견하고 활용하면 삶에서 영적인 꽃을 피우고 열매를 맺습니다. 그런데 꽃과 열매의 피고 맺는 절기는 모두 다릅니다. 계절의 때가 다르듯, 영적 감각도 마찬가지입니다.

영적 감각은 영혼 속의 자유와 사랑을 움직이게 하고, 영혼 안에 자유와 사랑이 퍼져나가도록 살립니다. 그래서 우리는 영혼 속 두 가지, 자유와 사랑에 시선을 두어야 합니다. 마음과 생각의 영혼에서 자유와 사랑의 꽃이 피고 열매가 무르익기 때문입니다. 사랑하면 늘 그 사람을 생각하고, 그것을 마음에 담아 간직합니다. 그러므로 사랑은 감정과 감각에서 출발해, 생각을 통해 가면서, 마음에 머물게 됩니다.

인성은 마음의 자유, 영성은 영혼의 사랑

사람은 자신의 감각과 감정을 잘 표현해야 합니다. 그 사람의 태도는 표정에서 80% 드러납니다. 그러나 그것만으로 그 사람의 모든 것을 알 수 없습니다. 자기생활에서 드러나는 20%의 표현을 해야 합니다. 영성 동반자는 표현과 소통으로 상대방을 '기다리는 자'입니다. 그래서 내담자가 잘 표현하지 못해도 마음을 알아주고 들어줍니다. 이것이 바로 '영의 인식력'이고 '식별력'입니다. '팥으로 메주를 쑨다 하여도 믿는다.'는 말처럼 외적인 표현에만 머물며 판단하지 말고, 내담자가 하는 표현의 출발점, 그 마음을 들여다보고 그의 영혼 속의 생각을 봅니다.

그리스도교는 말씀의 종교입니다. 하느님은 '완전한 말씀', 예수님은 '표현된 말씀'으로서 말씀은 하느님의 생각이고, 그 생각을 이해하는 과정에서 하느님과 사람이 만납니다. 사람은 좋은 생각을 우선 실천하려고 합니다. 하지만 행동, 실천이 우선될 경우 시작과 끝에 의도와 다른 결과가 나와도 열심히 했다는 이유만으로 마음 문제를 그냥 덮어 놓고 갈 때가 있습니다. 그러면서 열심한 봉사자임에도 누군가가 알아주기만을 바라는 힘든 상황에 처합니다.

'자유'는 신의 사랑에서 나오고, 자유를 통해 신을 닮는 축복을 받습니다. 자유는 신의 모습을 닮음에서 나오고, 하느님을 진정으로 사랑하게 합니다. 그리스도교 차원에서 '인성 교육의 핵심은 영혼 돌봄'인데 바로 '인지 교육'과 '마음 교육'입니다. '인지'는 생각을 거르는 선택을 존중해 주고, '마음 교육'은 자유를 인정해 결정을 존중해 주는 것입니다.

생각을 지키는 수문장은 사랑이고, 마음을 다스리는 주인은 자유입니다. 그래서 머리에는 사랑이, 마음에 자유가 움직입니다. 하지만 영성 동반자는 영적 안내를 받으러 온 사람들이 본인의 감정과 생각들을 잘 표현하도록 먼저 경청합니다. 그 순간 사랑과 자유가 영혼 안에서 자연스럽게 흘러 움직입니다.

'사랑과 자유'는 하느님의 모습을 닮음에서 옵니다. 그러므로 '사랑은 영성 교육', '자유는 인성 교육'의 기초입니다. 인성 교육은 마음 교육인데, 이는 방종이 아닌 자유, 하느님을 진정 사랑하고 세상을 사랑하는 데에서 온 예수님의 자유가 그 모델입니다. 예수님의 자유는 대가를 치른 자유(costly freedom)입니다.

사람들은 아담과 하와가 선악과를 먹은 사건을 두고, '하느님은 선악과를 왜 먹게 두셨나, 못 먹게 하면 되지 않았나?' 라고 묻습니다. 그런데 '~라면'의 가정법은 함정이자 본질을 흐리는 질문입니다. 악마는 '어쩌면', '만약'이라는 질문으로 본질의 가치를 흐리게 하는 것을 원합니다. 이렇게 되면 감정싸움이 일어나며 옳고 그름을 따지게 되고, 이것이 내가 저지른 것이 아닌 짊어진 원죄가 노리는 유혹 같은 것이 됩니다. 그 질문의 의도는 이해합니다. 그러나 본질을 알아차리도록 인도하는 영혼 돌봄은 의심이 아니라 의문에 응답하도록 도와줄 것입니다.

생각과 감정의 표현

　가족 사이의 감정을 표현하기란 쉽지 않아 보입니다. 명절 때 오랜만에 모여 옛날 이야기를 나눌 때, 가족들은 서로 미워하는지 모를 뿐만 아니라 심지어 미워하지 않았다는 이야기를 합니다. 그런데 내면에 자기가 미워하는 줄도 모르고, 자기는 미워했었던 적이 없다면서도, 무의식 안에서 여전히 그를 미워하고 있습니다. 그러므로 미워하는 자와 화해하려면, 먼저 형제를 미워하고 있었던 그 감정과 자신이 화해해야 합니다. 그러기 위해서 내가 아주 미워했었다는 감정과 화해를 먼저하고 그것을 표현해야 합니다. 화해의 시작은 화나고 미워했던 그 마음을 알아차리는 것입니다. 사람이 살면서 어찌 미워하지 않을 수 있을까요. 우리에게는 종종 그 미운 감정을 지금 부정해야 가족 관계가 괜찮아질 수 있다는 무의식이 작동하기도 합니다.

　부정하던 미운 감정을 표현해서 자신과 화해하는 순간, 미워했던 가족과도 화해할 수 있는 것입니다. 마음의 화해가 없기에, 사람과의 화해도 어려웠고, 그래서 미워하지 않았다고 부정하는 것이 지금의 가족과 친구 관계가 유지될 수 있었습니다. 많은 가족, 친구들 사이에서 생각과 감정의 표현을 하지 않아서, 그들 사이에서 계속 만들어내는 나쁜 감정들이 자신도 모르게 숨겨져서, 성장하는 관계가 아니라 단순히 어제처럼 내일도 유지되곤 합니다.

자식과 헤어져 살았던 엄마가 자식을 못 알아볼 경우, 엄마 자신의 과거를 들여다보아야 합니다. 엄마는 젊었을 때의 아들을 기억하며 못 알아봅니다. 엄마는 아들의 마지막 모습을 기억하고 있기 때문입니다. 늙은 아들은 없고, 마지막 보았던 아들만 남습니다. 그래서 종종 자녀들은 부모와 만나야 합니다. 사실 가족들 사이의 관계 성장은 힘들지만, 자신의 후회와 통탄으로 화해가 됩니다. 그러는 순간 영혼 속에서 기다리고 있는 사랑과 자유의 선물들이 움직이기 시작합니다.

감정은 옳다?
생각을 탐색하라!

영성과 기도

그리스도교에서 인간은 영혼과 육체의 단일체로서 이해되어 왔습니다. 성 바오로와 초기 알렉산드리아 학파 교부의 성 이레네오 그리고 카파도키아 교부 성 바실리오에 따르면, 인간은 몸과 혼과 영의 3중 단일체입니다. 몸은 음식이 에너지가 되어 움직이고, 영혼의 에너지는 호흡으로서 마음과 생각은 서로 숨을 쉬듯이 유기적으로 통하여 기능합니다. 영혼은 선택과 결정을 합니다. 곧 영혼의 능력인 지성과 의지에서 선택과 결정을 합니다. 마음은 '근본적인 선택'과 '근본적인 결단'의 자리입니다. 생각은 영을 수신하는 안테나와 같아 분별을 합니다. 그러면 영혼 안의 생각과 마음에 영의 어떤 음식이 에너지로 제공될까요? 기도입니다. 기도는 하느님의 말씀을 받아들이고 그분과 함께 나누는 대화이기 때문에 하느님의 말씀을 품는 자는 누구나 하느님의 모상을 온전히 닮아 영적 인간이 됩니다. 이처럼 기도로 얻은 에너지가 영혼에서 힘이 되어 생각과 마음을 움직입니다. 영은 영혼이 기도하도록 이끌어 주십니다.

마음의 교만, 욕심

마음의 죄를 지은 아담과 하와 그리고 몸의 죄를 지은 다윗을 통해 사람은 몸과 영혼을 돌볼 필요가 있습니다. 성경은 몸과 영혼에서 일어나는 죄를 전하고 있습니다. 아담과 하와는 하느님으로부터 낙원에서 풍요롭게 살아가도록 초대 받았지만 영혼에서 올라오는 마음 곧 욕심의 죄를 지었습니다. 부족한 것이 없는 그들에게 뱀은 다음과 같은 말로 유혹합니다.

"너희는 결코 죽지 않는다. 너희가 그것을 먹는 날, 너희 눈이 열려 하느님처럼 되어서 선과 악을 알게 될 줄을 하느님께서 아시고 그렇게 말씀하신 것이다."(창세 3, 4-5)

몸의 교만, 욕망

한편 다윗은 이스라엘을 하나로 통일을 하여 강대한 왕국을 세웠지만 바세바에게 욕정을 느끼고 자신의 부하 우리야를 최전선의 전쟁터에 내몰아 죽음을 당하게 함으로써 몸에서 올라오는 욕정의 죄를 일으킵니다. 아담과 하와는 영혼(psyche)의 교만, 다윗은 몸(soma) 안의 살덩이(sarx)로 말미암은 몸의 교만인 욕망의 죄를 범하였습니다.

영의 겸손

마음의 교만인 욕심, 몸의 교만인 욕망을 예수님께서는 당신의 겸손으로 극복하셨습니다. 예수 그리스도께서는 온 생애를 인간의 본성을 취하여 살아가시지만, 오직 몸과 영혼의 교만이 아니라 영에 이끌려 하느님의 뜻대로 겸손을 살아가셨습니다. 성령으로 잉태되어나시고, 세례자 요한에 의해 물로 세례를 받으셨으며, 영에 이끌려 광야로 가셔서 악의 유혹에서 이겨내십니다. 그 다음 성령의 동행으로 하느님 나라를 선포하셨습니다. 예수께서는 공생활 전체에서도 성령과 함께 하느님 나라를 선포하셨고, 구마 그리고 치유와 죄의 용서를 실현하셨습니다. 그리고 예수 그리스도는 수난과 고통의 십자가를 짊어지시어 예루살렘의 겟세마니 산에서 당신의 영을 아버지 하느님께 맡겨드리고 십자가의 죽음을 받아들이셨습니다. 결국 예수께서는 삼 일 만에 성령으로 일으켜지는 부활하신 그리스도의 신비를 드러내셨습니다.

감정은 옳다? 생각을 탐색하라

영혼의 마음에서 일어나는 감각의 반응인 감정들이 많이 존재합니다. 많은 감정들 가운데 부정적 감정의 뿌리는 불안과 두려움입니다. 복음에서 예수님은 종종 "두려워하지 마라! 용기를 내어라! 믿기만 하여라!"하고 말씀하십니다.

불안,
걱정,
분노,
짜증,
두려움,
미움,
슬픔 등 입니다.

이 모든 감정들이 내 안의 영혼 곧 마음에서 일어납니다. 그런데 모든 감정들은 자신에게 옳습니다. 하지만 일어난 내 감정이 진리라는 뜻으로서 옳은 것은 결코 아닙니다. 비록 사람에게 드는 감정들은 윤리적 평가에서 스스로에게 자유롭지만 그 감정에 빠지지 말아야 합니다. 왜냐하면 내게 옳은 감정이 상대방이나 공동체에 나쁜 영향을 줄 경우가 흔하기 때문입니다.

더욱 중요한 것은 감정이 자기에게 제시하는 메시지를 알아차려야 합니다. 그런 점에서 감정은 윤리적 판단을 받지 말아야 한다고 말하곤 합니다. 하지만 우리는 많은 경우, 감정이 일어날 때 가까운 이웃과 가족, 그리고 심지어 자기 스스로가 그것을 판단하고 지적하며 상처를 주는 경우가 많습니다

러시아의 세계적인 문호 도스토옙스키는 하느님과 악마는 인간의 마음 안에서 싸우고 있다고 하였습니다. 마음은 본디 옳습니다. 그곳에서 움직이는 모든 감정도 그렇습니다. 하지만 감정들은 마음의 표징(sign)이기에 감정의 알아차림으로 그 표징과 메시지를 살펴 알아차려야 합니다. 그런데 사람들은 그만 감정에 빠져버립니다.

도대체 마음에서 일어나는 감정들의 뿌리는 어디에서 오는 것일까요? 몸의 욕망과 마음의 욕심 그리고 모든 악마적인 생각들, 곧 나쁜 생각들은 영혼 안에 감각적인 것들에 대한 개념을 불러들입니다.(Evagrius, De malignis cogitationibus 2: PG 79: 1201B) 우리는 생각을 통해 악마를 알 수 있으며, 우리의 생각은 그 대상을 보면 알 수 있습니다.(praktikos, 43; SCh 171:599;CS 4:28) 이런 점에서 생각들은 마음

안으로 들어오는 영과 나쁜 영의 안테나인 듯 싶습니다.

생각의 시작을 바라봄

주님, 인생을 궁금해하며 바라보지만 가끔은 거칠고 힘든 껍질만 봅니다. 사랑이 손짓하며 부르지만 오직 꽃과 열매만을 바라봅니다. 저는 제 창문 뒤에 숨어서 고통스러워하고 우연히 그런 제 모습을 만납니다. 그리고 가끔은 제 자신을 괴롭힙니다. 저의 상처 속에서 안개가 올라와 뿌옇게 길을 가립니다. 주님, 제 눈을 뜨게 하소서. 제가 볼 수 있을 것입니다. 저는 사랑에 대한 당신의 성찰을 볼 것입니다. 이 시간 저와 함께하소서! 그리고 저를 이끌어 주소서!

지금 나눌 주제는 '생각을 바라보기'입니다. 그런데 선도 보이고 악도 보이시나요? 생각은 어디에서 옵니까? 그래서 생각의 시작을 바라봅니다. 저는 아침에 일어나 성호경을 긋고 하루를 시작할 때면 생각이 하나씩 떠오르고 이어집니다. 그 생각은 현재 제가 하는 사목과 글쓰기, 그리고 유튜브에 관한 생각들입니다. 이처럼 사람들은 생각의 시작이 언제 어떻게 시작하는지 조용히 바라봅니다. 느끼지 못해도 숨은 쉬고 몸의 기관은 내가 인식하지 않아도 활동하는 것처럼 선과 악의 시작에 생각과 태도 그리고 제안과 암시가 함께 있다는 것을 인식해야 합니다. 교회의 수도생활과 영성생활에서 이러한 생각의 시작을 바라보는 훈련은 오랜 기간 영성가들에 의해 검증이 된 방법입니다.

생각의 시작, 과정, 마지막이 모두 좋은 관찰

생각의 시작을 바라보면 거기에서 선이 오든 악이 오든 한다는 것을 알 수 있습니다. 생각은 안테나와 같습니다. 생각으로 인한 태도, 그로 인해 제안과 암시가 옵니다. 선은 자연과 하느님 그리고 하느님의 명을 받은 천사로부터 오고, 그로 인해 좋은 생각이 인간의 인격 안에 잉태됩니다. 나쁜 생각은 악과 인간의 이기심, 왜곡된 자기애에서 옵니다. 그리스어로 '디아볼로스(diabolos)'라고 하는 '악'은 데몬(demon), 사탄(satan) 등으로 불리며, '분열시키다', '분열시키는 자'라는 뜻을 가집니다.

생각의 세 가지는 다음과 같습니다. 첫째는 '내부'에서 오는 것으로서 자유와 원의에서 오고, 둘째와 셋째는 밖에서 오는 것으로서 선한 영과 악한 영을 통해 옵니다. 에바그리우스는 생각과 영을 구별해 사용했습니다. 나쁜 생각은 악이 사용하는 무기이므로 생각의 식별 또는 영의 식별이 필요합니다. 악마는 생각이라는 무기로 다가옵니다. 그래서 나쁜 생각들은 악마가 사용하는 무기로 다가오기 때문에 생각들을 잘 식별해야 합니다. 그러기에 깨어 있어야 합니다. 깨어서 잘 바라보고 알아차려야 합니다.

악에 매혹되는 것과 악의 유혹들은 인간 심리의 규칙을 어깁니다. 그래서 악한 순간에 놓여 있는 인간을 공격하기 위해 계속 정탐하는 유혹자가 제시하는 모든 것을 막을 수는 없습니다. 악은 나도 모르는 나를 관찰하고 정탐하는 CCTV와 같습니다. 그러므로 지속적인 주의를 기울이는 수도자들은 '깨어 있는 자', '절제하는 자'로 불렸습니다. 그래서 믿는 이는 영적 동반자를 통해 하느님 앞에서 모든 생각을 드러낼 필요가 있습니다. 봉헌의 삶을 사는 수도자들도 성찰로 자신을 들여다보고 영적 식별을 통해 하느님을 만납니다. 신앙인 역시 고해성사를 통해 사제에게 생각을 드러내는 것이 중요합니다.

영적 관찰을 위해서는 행동 이전에 생각의 시작과 과정 그리고 진행을 잘 보아야 합니다. 부모가 자녀와의 대화에서 자녀의 이야기를 충분히 듣지 않고 말을 끊으며 부모만의 이야기를 한다면 진정한 자녀의 마음을 알 수 없듯이 먼저 판단하지 말고 생각들을 들여다봅니다.

고해성사에서도 용서하지 못한 자신의 죄를 자책하기 전에 미워하는 마음과 생각을 먼저 들여다보아야 합니다. 생각의 진행 경과에 유의하면서 자기를 이해하는 것이 중요합니다. 내가 나를 이해하는 것이 양심 성찰입니다. 판단하면 죄의식과 죄책감을 갖게 되지만 생각을 바라보는 양심 성찰을 하면 죄책감에서 벗어나게 됩니다.

영혼 관찰을 통해서 생각의 시작, 과정, 진행을 보고, 생각이 어떻게 태어나고 어디로 인도되는지 봅니다. 생각의 진행 경과에 유의하며 시작, 중간, 끝이 모두 좋고 모든 일에 선을 지향하면 그것은 선한 천사의 표지입니다. 하지만 그 반대의 결과는 모두 원수의 작업입니다. 완벽하게 잘할 수는 없어도 해보는 겁니다. 시작은 좋았으나 과정과 결과가 안 좋으면 그건 원수의 작업임을 알아차려야 합니다. 에바그리우스는 천사의 생각, 인간의 생각, 악마로부터 오는 생각의 차이를 다시 인식하였습니다. 그 차이를 알아야 모든 일을 섣불리 판단하지 않을 수 있습니다.

나쁜 생각과 죄

에바그리우스(345-399)에 따르면, 여덟 가지 주된 생각들(praktikos, 6; SCh 506;CS 4:16-17)로부터 다른 모든 나쁜 생각이 생겨납니다.

영혼의 8가지 악습
감정-욕망 혹은 욕정(concupiscenza)
첫째는 탐식,
둘째는 간음,
셋째는 돈을 좋아함,

마음-분노적(Irascibile)
넷째는 불만족,
다섯째는 분노
여섯째는 영적 게으름(akedia)

생각-이성
일곱째는 허영,
여덟째는 교만

이러한 여덟 가지 생각은 금욕주의자들에게 욕정을 분류할 때 사용되었고, 일반적으로 보통의 생각들이면서 동시에 다른 생각을 일반화하는 것을 뜻하기도 하였습니다. 여덟 가지 악덕 가운데 에바그리우스의 독착성이 가장 잘 나타난 항목은 여섯 번째 낙담입니다. 이는 은수자들에게 분명한 유혹이었습니다.

에바그리우스에 의하면, 그리스도께서 광야에서 사탄에게 겪은 세 가지 유혹이 몸으로부터 오는 탐식, 마음으로부터 기인하는 탐욕, 이성으로부터 일어나는 허영의 차례로 이어지고, 이 세 가지 생각들은 여덟 가지 악한 생각의 기본 틀에 속합니다. 다른 모든 것들은 이 중 어느 하나와 연결되어 있습니다.(참조: A. Guillaumont, in SCh 170-91)

6세기 서방 교회의 대 그레고리우스 교황은 낙담 대신에 질투를 사용하여, 동방교회에서 말하는 자기애(自己愛)와 악덕의 여왕이라 여겨지는 교만을 삭제하여 7개 목록이 되었습니다. 대 그레고리우스 교황은 불가타 라틴어 역 성경(집회 10, 15)의 "교만은 모든 죄의 시작이다."(Initium omnis peccati est superbia)로부터 영감을 받아, 후에 허영과 교만이 합쳐져, 14세기 이후 서방교회에서 표준이 되고, 칠죄종(罪宗)으로 분명하게 구분되었습니다.(참조: Morton W. Bloomfield, The Seven Deadly Sins(Ann Arbor, Michgan. 1952)) 단테의 연옥이 7층의 죄 목록으로 이루어진 것도 7죄종의 반영입니다. 1층 교만(superbia) 2층 인색(avaritia) 3층 질투(invidia) 4층 분노(ira) 5층 음욕(luxuria) 6층 탐욕(gula) 7층 나태(pigritia).

동방 교회의 여덟 가지 악한 생각들과 서방 교회의 칠죄종의 목록 차이는 미미합니다. 슬픔 대신 사용된 질투는 다른 사람이 잘 되는 것을 슬퍼하는 특별한 종류의 슬픔입니다. 낙담 대신 나태가 주로 사용되었던 것도, 낙담의 특정 부분이 강조되었을 뿐입니다. 칠죄종은 보다 교의적 관점에서 나온 것이라면, 여덟 가지 악한 생각들은 보다 심리학적인 특징을 가집니다. 그래서 영성가들의 실질적인 가르침에서는 여덟 가지 악한 생각들의 목록이 더 많이 사용되었던 이유입니다.

영혼이 회복된 건강한 상태를 그리스 철학자들은 '내적 평정심'(apatheia)이라고 말하고, 그리스도교 교부들은 복음의 예수 그리스도께서 이루신 사랑(agape), 특히 따뜻하고 부드럽게 살아가는 영혼의 온유한 상태를 말하고 있습니다.

자기애[11]

모든 악한 생각들의 근원은 자기애입니다. 대 그레고리우스 교황은 교만을 악덕의 뿌리로 보았는데, 에바그리우스는 "모든 악한 생각 가운데 첫째는 자기애(自己愛)"라고 보았습니다. 다른 여덟 가지가 자기애에서 비롯되는데, 이것이 동방교부들의 일반적인 가르침입니다. 오늘날 심리학에서 인격 안에 자리를 잡고 있는 인간관계의 장애를 '자기애적 이기주의'로 다루고 있다는 점 역시 '자기애'와 관련이 있음을 알 수 있습니다.

자기애에 관해서는 위대한 교부, 고백자 막시무스가 '육에 집착하는 열정, 혹은 육에 대한 비합리적인 애착'이라고 정의했습니다. 막시무스의 윤리체계에 따르면, 영이냐 감각적 쾌락이냐를 선택하는 것은 곧 행복을 선택하느냐 쾌락을 선택하느냐 하는 문제였습니다. 자신을 사랑하는 사람은 '자기의 본성에 반대되는 자신을 사랑하는 사람입니다.' 사람은 자기 자신에 대한 사랑에서 시작하여 육적인 기쁨을 추구하는 것으로 옮겨가게 되며, 이렇게 모든 악덕을 거쳐 교만에 이르게 됩니다.

---

11 이 책에 서술된 '자기 의지'에 대하여 여기의 '자기 의지'를 참고

자기 의지

자기애처럼, 자기 의지, 자신의 뜻, 육적인 의지는 인간의 진정한 본성에 상반되는 열망입니다.(참조: Dorotheus, Instruction 3.41(SCh 92:211)) 가자의 도로테오는 인간과 하느님 사이의 이러한 놋쇠벽, 이토록 혐오스러운 바위를 넘어뜨릴 필요성을 주장하면서 이에 대해 다음과 같이 묘사하였습니다. '자기 의지'는 엄밀히 말하자면 '의지의 능력'도 아니고, '욕정에 상반되는 의지'의 작용도 아닙니다.(Stromata III, 7; stachlin, 222, 29 PG 8:1161B) 이는 '악한 생각을 따르는 열정적인 움직임'입니다. 그 '자기 의지'는 하나의 경향으로 악한 생각이 생긴 다음 즉각적으로 일어납니다.(Instruction 1.14(169);1.17(175);1.19(177))

'자기 의지 혹은 자기 뜻'이라는 주동자에게 '가식적인 정의' 혹은 '자기 정당화'가 가세합니다. 자기 정당화, 자기 합리화, 가식적인 의로움 등은 '자기 돌봄'과 '마음 챙김'을 의미하는 자기 사랑, 자기 존중과 사뭇 다릅니다. 곧 현대인들은 너무 지치고 타인에게 휘둘리고 당하는 현실에서 자기를 지키는 방어책을 살아갑니다.

그러므로 열정적인 생각, 열망에 대한 이끌림을 거부하지 않고 '자신의 뜻을 행하는' 사람은 성경에 나오는 몇 구절과 교부들의 금언집에서 자신이 바른 길을 가고 있다고 착각하게 만드는 단서들을 찾아냅니다. 이러한 자기 정당화는 완고함의 옹호를 받게 됩니다.(Instruction 4.60(249);7.85(299)) '가식적인 정의가 의지를 돕기 시작하면, 참으로 나쁜 결과가 나옵니다.'(Instruction 5.63(255))

8가지 나쁜 생각과 칠죄종

여덟 가지 나쁜 생각은 동방교회에서 먼저 발견하고 추구했으며 그것이 서방교회에 영향을 주어서 칠죄종의 기원이 되었습니다. 여덟 가지 나쁜 생각은 탐식, 음욕, 탐욕, 낙담, 분노, 태만, 허영, 교만이고 칠죄종은 교만, 인색, 질투, 분노, 음욕, 탐욕, 나태입니다. 동방교회에서는 나쁜 생각들 가운데 교만이 가장 멀리 있고 숨어서 괴롭히는 악습이고 서방교회에서는 가장 가까이 있는 첫째가는 악습이라 합니다.

악에 빠지지 않는 비법은 악이 생각에만 남게 하는 것입니다. 악이 우리 안에 생각으로 들어오면 생각에 남게 하고 말과 행동으로 나가지 않으면 됩니다. 이것이 쉽지 않기에 훈련을 합니다. 탁한 생각에서 맑은 생각으로 옮겨가는 것 곧 생각을 거르고 다듬는 것이 중요합니다.

악에서 구하소서의 주님의 기도에서 악이 무엇이고 어떻게 이해해야 할까요? 성경에서 구약은 이스라엘 백성을 적대하는 백성의 나라가 원수이고, 신약은 사람의 나쁜 생각과 죄가 원수이고 악이라고 말합니다. 그런데 악이 발생하는 현상과 악을 한마디로 말하면 결핍의 열매입니다. 사랑, 선, 부유, 행복, 인내 등의 결핍이 악으로 드러납니다. 원죄도 나와 관계없이 인간의 결핍에서 내려온 짊어진 죄입니다. 예를 들어, 가정에서 부모는 자신의 무의식과 부정적인 감정을 자녀에게 전달하곤 합니다. 그 자녀는 역시 미래의 자녀에게 그것들을 전달합니다. 그런데 이에 대한 자각이 생겨서 감정의 무의식 고리를 끊어 내야 하는데 그렇게 되기 전까지 그런 감정은 반복되고 악순환이 지속됩니다. 바로 이런 죄의 고리를 끊어내신 분이 예수 그리스도입니다. 그래서 원죄는 내가 지은 죄가 아니라 아담과 하와가 범한 죄가 내려와 그냥 내가 짊어진 죄가 되었습니다. 이와 동일하게 가정에서 내려오는 그런 감정의 무의식 고리를 누군가는 끊어내야 합니다. 바로 결핍이 무의식을 낳고 그 감정이 반복되어 나를 지배하기 때문입니다. 바로 이런 죄의 고리를 끊어내신 분이 예수 그리스도이십니다.

악마의 유혹은 대상중심의 사랑에서 자기중심으로 옮겨간 결과에서 일어납니다. 아담과 하와가 뱀과 나눈 대화의 시작은 죄가 아닙니다. 그러면 언제부터가 죄악에 빠지는 것일까요? 동의를 한 순간부터입니다. 여덟 가지 나쁜 생각은 심리적인 특성을 가지고 있고, 자기 안에서 움직이는 결핍의 모습이 그런 결과를 가져왔으며, 칠죄종은 대상관계에서 드러나는 결핍으로 나타납니다.

여덟 가지 나쁜 생각

믿는 이들은 생각을 들여다보고 영혼 안에서 무슨 일이 일어나는지 성찰합니다. 영성가 에바그리우스는 모든 악한 생각들은 영혼 안에 그런 감각을 불러일으킨다고 합니다. 생각을 통해서 악마를 알 수가 있고, 사람의 생각은 그 대상을 통해서 알 수가 있습니다. 모든 생각이 다 악한 것은 아닙니다. 하지만 악한 생각은 죄악의 씨앗이 됩니다. 그러므로 악한 생각은 죄의 씨앗이고 선한 생각은 미덕의 근원입니다. 그런데 자기 자신의 생각과 의지로만은 어떤 결핍이 일어납니다. 이 때 생각을 들여다보는 수련, 의식 성찰을 합니다. 예수님이 광야에서 받은 유혹은 탐식, 탐욕, 허영입니다. 사탄이 예수님한테 돌을 빵으로 만들라는 것과 불콩죽 한 그릇으로 장자권을 팔아버린 에사우 그리고 아담과 하와가 지은 죄도 탐식의 유혹입니다. 요즘 먹방(먹는 방송)프로그램이 많은데 탐식의 유혹일까요?

에바그리우스에 따르면, 탐식이 열정의 시작이고, 열정은 생각을 먹어버립니다. 선하신 하느님의 생각으로 시작하지만 열정이 하느님의 생각을 먹어 버리면 자기중심으로 갑니다. 그런 생각과 감정을 이겨내는 참회가 요청됩니다. 제 동창 신부는 은사님의 보좌신부로 있었습니다. 어느 날 부제들이 방학을 맞이하여 본당 신부님께 인사를 하려고 방문을 했는데, 한 부제가 "저희가 이 근처에 볼 일이 있어서 왔다가 지나가는 길에 인사를 하려고 들렀습니다." 하고 말하였습니다. 그러자, 본당신부님은 "나를 만나러 온 것이 목적이 아니라 지나가는 길에 들렸다고?" 하시며 부제들을 그냥 돌아가라고 하셨습니다. 그러자 보좌신부는 "신부님, 생각을 좀 해보세요. 평소에 이 부제들이 얼마나 신부님을 생각했으면 바쁜 볼일에도 인사를 드리러 왔겠습니까?" 하였답니다. 그러자 본당 신부님은 부제들을 다시 맞으시며 즐거운 시간을 보냈답니다. '꿈보다 해몽이 좋다'는 말처럼 보좌신부는 사람의 마음과 생각을 잘 읽어내 표현하였습니다. 영혼 돌봄은 이처럼 그 안에 안 좋은 감정과 열정을 뛰어넘는 아름다운 마음과 생각을 들여다보는 행동이 요청됩니다.

초기 교회 때, 탐식은 하느님을 바라보는 것에 기쁨을 주지 못하게 한다는 경험을 했습니다. 음식이 주는 만족감을 내려놓아야 한다는 겁니다. 초기 수도자들은 탐식을 이기는 방법으로 정해놓은 시간보다 음식을 미리 먹지 말라고 했습니다. 최근 필자는 때가 되어서 먹기 보다는 배고픔을 느끼고 식사를 하면서 몸이 가벼워졌습니다. 학창시절에 정해진 시간 전에 도시락을 먹었던 추억들이 생각났습니다. 이처럼 탐식은 많은 유혹들을 불러일으키는데 사순 시기와 나눔의 생활을 하면서 탐식을 이겨내는 시간을 가져봅니다.

우울감은 감성적으로 일어나는 기쁨을 박탈당할 때와 같은 여러 가지 이유로 발생하는데 결과적으로는 노여움으로 드러납니다. 그래서 누구와 무엇에게서 좌절감을 당했는지 잘 바라보아야 합니다.

곧 하느님과 관련된 참회인지, 세속적인 대상에서 오는 육적인 좌절감인지 바라봅니다. 이렇게 노여움과 우울감은 함께 섞여 있습니다. 그런데 우울과 분노 및 불안과 두려움은 누구에게나 들여다보면 존재합니다. 하지만 이런 감정들은 나 자신이 어디에서 와서 갈 곳이 어디인지를 분명히 발견할 수 있는 안내자입니다. 그래서 감정과 생각은 나의 영혼에게 전달하는 메시지라는 점을 알아차리게 하는 소중한 영혼의 소식입니다.

과거에는 생각은 내려놓고 계속 일만 했습니다. 이제는 행동은 내려놓고 생각을 바라보고 감정을 존중하면서 살아야 합니다. 유명 아이돌 그룹의 love yourself라는 노래처럼 말입니다. 죄에서 오는 우울함도 구분할 필요가 있습니다. 영성생활에서 우울함보다 더 나쁜 악은 없습니다. 의지를 깨트리기 때문입니다. 그것이 영혼만이 아니라 몸도 공격을 합니다. 분노는 상처를 준 사람 혹은 상처를 줄 것이라고 여겨지는 사람에 대해 끓어오르는 감정입니다.

필자도 코로나 판데믹의 영향으로 [가톨릭 책방]이라는 유튜브 채널을 통해 말씀과 신앙을 위한 영혼 돌봄 방송을 시작하게 되었습니다. 그런데 생각지 않게 소위 악플로 두려움과 불안을 경험하고 상처도 받게 되었습니다. 이럴 때 분노는 성급함에서 출발하기에 잘 바라볼 필요가 있습니다. 하지만 분노하는 것이 다 나쁜 것은 아닙니다. 모든 것을 다 참지는 말아야 합니다. '낄끼빠빠'라는 말처럼 낄 때 끼고 빠질 때 빠지는 조절능력이 필요합니다. 바오로 사도는 화는 내지만 다음 날까지는 가지마라 하셨고, 로욜라의 이냐시오 성인도 가능한 15분이 지나면 분노와 멀어지려는 수련을 했습니다. 자신의 분노성이 어떻게 일어나는지는 가족이나 주변인에게 물어보면 잘 알게 됩니다.

시편에서 "너희는 무서워 떨어라, 죄짓지 마라. 잠자리에서도 마음속으로 생각하며 잠잠하여라"(시편 4, 5)고 기도하기를 권고합니다. 노여워 할 수 있지만 죄를 짓지는 말라고 합니다. 그러나 불의에 저항하는 분노는 괜찮습니다. 하루 중 분노는 짜증나게 하고 상처 준 사람이 떠오르며 공포스러운 꿈까지 꾸게 합니다. 노여움은 증오와 연결됩니다. 화나고 우울할 때 노여움에 대처하는 방법으로 시편을 기도드리시길 권합니다. 신학생들이 아침마다 성무일도를 바치는 신학교 생활에서의 시편기도는 탄원기도가 됩니다. 인내 수련기도입니다. 참을 건 참으면서 조급해 하지 말도록 이끌어 줍니다.

원수는 예수님께서 사랑하라고 말씀하신 사람입니다.(마태 5, 44; 루카 6, 27. 35) 결국 적은 사람이 아니라 악이라는 실체입니다. 이것은 이겨내야 할 악한 생각과 죄입니다. '죄는 미워하되 사람은 미워하지 말라'는 격언을 기억합니다. 오랫동안 마음속에 담아두었거나, 누군가에게 휘둘려서 받은 상처는 병이지만 치유될 수 있습니다. 그런데 거짓 감각, 속임수의 감각들은 영적 생활의 은총 체험에 너무 빨리 도달하기 원하는 자에게 생길 수 있으니 서두르거나 조급해하지 말아야 합니다.

    영적 건강은 평범한 영혼상태, 마음의 평화로 이겨 낼 수 있습니다. 영혼 관찰은 악을 간파한다는 것이지 싸우고 찾아내는 것이 아닙니다. 악마에게도 겸손하며 주적이라고 싸우려 하지 말고 무시하거나 피하면 됩니다. 그런데 더욱 중요한 것은 나와 싸우려고 하는 대상이 악인지를 식별하는 것입니다. 그러면 성경에서 나오는 악과 현실에서 직면하는 악의 차이는 무엇이며, 그 악에 어떻게 대처해야 할까요? 무엇보다 악이라는 실체는 사람이 아닙니다. 악에 대한 대처방법은 정확한 식별입니다. 악에서 멀리만 하면 됩니다. 악에 집중하지 말고 선에 집중하면서 주님께 도움을 청하면 됩니다.

    악의 유혹이 왔을 때는 피해야 하지만, 악덕을 발견했다면, 그와 반대되는 선행으로 그것을 극복하려는 노력은 해야합니다. 단지 악을 바라보는 것으로 충분하지 않습니다. 악에서 '돌아서야 하고', 악을 '버려야' 합니다.(CCE 1427, 1431)

감정은 흐르게 하고, 마음은 다스리며, 생각을 멈춰라!

우리는 일상 대화에서 공감이 얼마나 상대방을 신나게 하는지 체험합니다. 그런데 실제로는 상대방의 좋은 평가에 있는 그대로 수긍하기를 어려워 합니다. 겸손해야 한다는 도덕적 가치가 오히려 공감을 가로막는 것은 아닐까요? 예를들어 상대방이 칭찬을 하면 '아니'라면서 손사래를 치며 부정까지 하면서 부담스러워 합니다. 저도 오래전부터 신학교에서 강의를 하고나면 일부 학생들이 "신부님! 오늘 강의 정말 좋았고 잘 들었습니다."하고 말하면 나는 "아니야! 난 그저 준비한 것을 나누었을 뿐이야"하고 말하곤 했습니다. 지나친 겸손이 상대의 마음을 있는 그대로 받아들이지 않는 것입니다. 물론 지금은 다르게 대답합니다. "아! 그래요? 그렇게 말하니 정말 기쁘고 감사합니다!"

공감은 마음을 다스리는 선물과 같은 것이라고 생각합니다. 상대방의 칭찬에 대해 '아닙니다'한다면, 겸손의 마음을 상대에게 전하는 것 같지만, 그 이전에 상대의 호의를 거절하는 것이 됩니다. 오히려 "그렇게 말해주니 고맙고 행복하다"라고 말하면 어떨까요? 그렇다면 우리 사회가 맞고 그른 평가중심에서 서로 받아들이는 건강한 공동체가 될 것입니다. 나아가 자신의 의견과 생각 그리고 방법을 제안하고, 합의하는 상생의 사회가 될 것입니다.

사람이 마음대로 다스릴 수 없는 것이 있다면, 그것은 자연과 마음일 것입니다. 그래서 이 세상은 사람들의 마음상태인 듯합니다. 사람은 필연적으로 타인과의 갈등을 겪으며 살아가는데 특히 서로 비교하고 평가받을 때 매우 지치고 힘들게 됩니다. 그럴 때 최악의 순간을 피하고 자신을 보호하려면 특히 힘들게 하는 대상과 일정시간 거리를 두면 됩니다. 즉 그 사람을 보지 않으면 됩니다. 그런데 가장 어려운 것은 불완전한 자기자신과의 만남입니다. 왜냐하면 나 자신만은 속일 수 없기 때문입니다. 그래서 피할 수 없는 나의 마음과 만나는 길을 교회의 영적 지도자들은 지속적으로 제시해왔고 걸어왔습니다.

도덕적인 사람이 누구일까요? 고대 철학자인 아리스토텔레스는 적절한 감정을 적절한 순간에 적절하게 전달하는 사람이 도덕적인 사람이라고 말했습니다. 그처럼 그런 방법을 훈련하는 것이 '마음 다스리기' 역사일 것입니다. 찰스 다윈 역시 감정이 적자생존의 열쇠가 될 것이라고 말했습니다. 그러므로 영혼 돌봄의 여정에서 '마음을 다스린다는 것'은 우선 나의 마음 공간 안에 무엇이 들어가 있는지 들여다보는 것입니다. 그래서 '마음 다스림'은 마음의 감정들이 흐르게 하고, 인생의 길을 결정하는 영혼 돌봄의 훈련입니다. 어떤 사람은 머리는 너무 좋지만 사람의 마음을 전혀 느끼지 못할 뿐만 아니라 자기의 감정도 다스리지 못합니다. 오늘날 심리학에서 심리지능은 IQ + EQ + SQ보다 더 고차원의 지능이라고 말하고 있습니다.

영혼 돌봄을 위해 마음을 잘 다스리려면 생각과의 싸움을 잘 준비할 할 필요가 있습니다. 인간은 생각하는 존재라기보다는 감정의 존재라는 것을 영혼 돌봄에서 발견합니다. 우리의 감각과 생각과 행동 역시 감정의 영향을 받기 때문입니다.

메타노이아(回心. Metanoia), 나쁜 감정은 흐르게 하고,
마음은 다스리며, 나쁜 생각은 제거하라!

죄에 동의하지 않는 것은 훌륭하지만 그렇다고 완덕을 행한 것은 아닙니다. 그리스도인은 고요 속에서 감정이 흐르도록 마음을 다스리는 기도를 하면서, 완덕, 마음의 평화, 고요함, 욕망에서 탈피하기

를 지향해야 합니다. 특히 비난받을 만한 욕망으로부터의 탈피를 영성가들은 '악한 생각의 제거'라고 말합니다.

그런데 우리는 애당초 이 같은 악한 제안과 나쁜 생각들로부터 자유로울 수 있을까요? 오리게네스에 따르면, 우리가 그것들로부터 완전히 탈피할 수 없습니다. 하느님께로 돌아선 영혼은 '생각의 투쟁과 갈등'을 경험하게 되어 있습니다.(commentarium In Canticum II. GCS 8:133, 16ff.)

우리가 할 수 있는 일은 하와가 뱀과 대화한 것과 달리 그저 그 제안과 생각들에 빠지지 않도록, 그것들과 대화하지 않도록 하는 것입니다. 왜냐하면 하와에게 접근해 대화하는 뱀이 우리 마음의 천국에 들어오지 못하게 해야 하기 때문입니다.

마음이란 무엇인가요? 영성가들이 이구동성으로 말합니다. "마음은 지성과 정신의 옥좌입니다." 그래서 영성가들 특히 바실리오 성인은 설교에서 마음을 보호하는 것, 지성을 보호하는 것, 내적 존재를 보호하는 것을 말하곤 하였습니다. 이 말은 자신을 지켜보는 것과 동일한 것입니다. 그런데 자신을 살피기 위해서는 정신을 바짝 차리고 경계하면서 '깨어 지켜보고 있어야 한다'고 말합니다.(1베드 5, 8 참조)

'조심하고 주의하는 것'이
'기도하는 마음에 도달하는 것'입니다

사막의 교부, 수도생활의 대부 성 안토니오는 악마의 공격을 경계하고 깨어 지켜보는 것을 반대합니다.(참조: I. Hausherr, 'L'hesichasme', OCP 22(1956)273ff) 그런데 시나이의 헤시키우스에게 '충만하게 지켜봄' 곧 깨어서 관찰하는 것은 하느님의 도우심으로 우리가 긴 시간 공들여 실천하기만 하면, 우리를 열정적인 생각, 열정적인 말, 악한 행동들로부터 완전히 자유로워질 수 있도록 해주는 영적인 수련방법이었습니다.(Hesychius, Century I, I,PG 93:1490D)

에바그리우스의 문장 가운데 두 개의 단어가 하나 같이 자주 인용됩니다. 이는 '주의'(조심)와 '기도'입니다. 주의는 기도의 어머니라고 할 수 있습니다. '주의'가 지속적으로 그 마음가짐과 상태를 유지하면 결국 기도하는 마음에 온전히 도달하게 되고, 주의하는 길을 찾게 됩니다.(De Oratio 149: I. Hausherr, La Methode d'orasion hesychaste,(Rome 1927) 134ff)

마음의 문을 지키는 것은 무엇보다도 침입해 들어오는 생각을 즉각적으로 쫓아내는 방어 수단입니다. "네 마음의 문지기가 되라. 낯선 이가 들어오지 않도록. 그리고 말해라. 당신은 우리 편인가, 아니면 우리의 적인가?"(Evagrius, Antirrheticos, 'Pride'17. <Frankenberg 539>).

Letter 11.<Frankenberg 675>) 그러므로 "그러나 병이 나은 이는 그분이 누구이신지 알지 못하였다."(요한 5, 13)는 말씀을 마음에 품고, 흐르는 나의 마음을 다스리는데 조심하여 기도하여야 합니다.

생각보다 감정이 더 구체적이다

영혼 읽어내기는 영의 인지(PNEUMA COGNITION)로서 생각과 마음을 읽고 소통하기입니다. 이런 작업을 영의 알아차림이라고 말합니다. 그러므로 영의 알아차림이란? 먼저 성령께 내 영적인 눈이 열리도록 은혜를 청합니다. 우리가 내면의 눈을 온전히 뜨기 위해 영의 식별력에 주력하듯이, 영의 알아차림 역시 다른 말로 하면 영적 인식력을 기르는 힘을 말합니다. 영의 식별력이 자신을 바라보는데 예수 그리스도의 말씀에 기초하여 악을 이겨내려는 능력을 키우는 것이라면, 영의 인식력은 식별력을 보완해서 성령께서 내 영혼을 더욱 이해하고 알아차리게 해 주는 조명의 은총으로서 자아를 밝혀주시는 영혼의 등불입니다.

영의 인식력은 성령이 이끌어 주셔서 자기를 알아가는 능력으로, 생각과 마음 안에 있는 선을 알아차리고 그것을 들여다보는 것입니다. 역시 판단은 하지 않습니다. 판단은 이성과 감정에 빠지거나 휩싸이기 때문입니다. 판단은 자신의 내면과 타인의 마음을 들여다보지 못하게 하는 방해꾼입니다. 영의 인식은 생각과 마음, 곧 영혼을 맑고 향기롭게 읽어내는 능력입니다. 마음은 맑은지, 생각은 향기로운지... 영혼을 긍정적으로 읽어내는 작업이라고 말할 수 있습니다. 하느님께서는 인간의 생각과 감정을 통해서도 말씀하십니다. 물론 성경의 하느님께서는 예수님을 통해 직접적으로 말씀하셨지만, 성경 밖의 나에게 말씀하시는 당신의 뜻은 내 영혼의 생각 그리고 마음과 감정을 통해 하십니다.

하지만 내 영혼속의 생각과 감정은 세상 환경의 부정성과 악마의 더러운 영에 의해서도 일어납니다. 중요한 점은 어떤 생각에 어떤 감정, 어떤 감정에 어떤 생각이 생겨나는지 판단하지 말고 주목해야 합니다. 그러므로 생각과 감정의 상호작용이 아주 중요합니다. 우리 마음은 영혼의 깊은 자리이며 생각과 감정 등 복합적인 모든 것이 아우러지는 근본적인 존재가 있는 곳입니다. 생각은 영혼의 이성적인 능력, 그리고 상상과 기억과 같은 능력과 관련됩니다. 그런데 보통 우리가 생각과 감정을 표현할 때, 나의 감정으로 표현하는 것이 생각으로 표현하는 것보다 익숙합니다.

예를 들어, 주변을 살펴보면 사람들은 생각보다는 감정표출을 먼저 하곤 합니다. 이렇게 감정은 더욱 구체적으로 자신을 드러냅니다. 하지만 논리적인 사고에 앞서 마음에서 우러나는 진심을 표현하는 것이 상대방의 감정과 더 잘 공유할 수 있습니다.

그러므로 내 영혼상태를 스스로 들여다보도록, 먼저 마음에 노크하면서 물어보아야 합니다. 배가 고프면 영혼도 배고픕니다. 식사 때가 지나면 배가 고프고 그러면 감정도 짜증이 나지만, 사실 밥을 안 먹어서 그런 것이라는 사고가 너무 지배적이면 생각이 감정을 지나치게 됩니다. 그러므로 생각과 감정이 긍정적으로 상호작용을 한다면 영혼에도 맑고 향기롭게 영향을 주게 됩니다.

자신의 감정이 생각보다 더욱 구체적입니다

생각은 추상적이고 감정은 구체적입니다. 생각은 생활 경험과 무관할 수 있지만, 감정은 삶의 구체성을 쉽게 기억하고 파악합니다. 그래서 감정과 생각의 소통이 매우 중요합니다. 왜냐하면 그런 소통이 영과의 만남을 준비할 수 있기 때문입니다.

화의 감정이 표출될 때 그 감정에 휘둘리기 보다는 그 감정을 관찰하여, 내가 무엇을 바랐는데도 얻지 못해서 화가 난 것인지, 분노의 감정이 어떤 메시지를 나에게 자극하려는 것인지 알아차려야 합니다. 그럴 때 사람에게 부정적인 감정은 없습니다. 단지 그 감정의 메시지가 있을 뿐입니다.

또한 내가 누군가를 만나서 불편한 마음이 드는 건, 과거에 담긴 그런 기억들로 인한 나의 감정 때문입니다. 내가 영으로 그런 영혼을 알아차리는 것은 궁극적으로 성령께서 이끌어 주어야 합니다. 영의 인식에서 핵심은 문제 안에 있는 참 선을 알아차리는 것입니다.

그래서 신학을 토대로 한 인식이 중요합니다. 하느님은 단지 우리의 호기심 때문에 신비를 계시하지 않으십니다. 그것은 우리를 보호하는 일이기 때문입니다. 그러므로 하느님을 만나기 위해서 신학을 공부해야 합니다. 성경 공부, 기도, 피정은 하느님을 만나기 위해 좀 더 체계적으로 경험해 보는 것입니다. 성령은 나의 삶을 통해 직접 움직여서 관계를 맺도록 하십니다. 그러므로 하느님을 인식하려면 자신을 알 필요가 있습니다. 그래서 하느님을 만나면서 자신은 알아차리지 못한다면 사람과의 관계는 더욱 힘이 들게 됩니다. 이는 하느님이 원하시는 모습은 아닐 것입니다. 그런 점에서 우리는 삶 안에서 영적 동반자의 도움을 받으며 살아갑니다.

영적 동반자는 내담자와 함께 그에 대한 하느님의 계획이 무엇인지 영에 이끌려 성찰합니다. 그 깊은 알아차림으로 마음의 진심과 생각의 진실을 요구합니다. 신자가 고해성사를 할 때, 사제는 영적 동반자입니다. 영적 동반이 상담과 다른 것은 단지 자신의 능력으로 하지 않는 것입니다. 결혼 중매를 잘 하려면 신랑과 신부 양쪽을 잘 알아야 되는 것처럼, 최고의 중매자는 하느님이시고 인간이신 예수님이십니다.

열정은 처음의 생각과 대화하라!

열정은 처음의 생각과 대화한다

생각과 열정은 다릅니다. 시작하는 단순한 생각과 열정과 함께 진행된 생각은 다르므로 열정은 늘 생각과 만나야 합니다. 열정은 단순한 생각에서 더 힘이 나지만, 나쁜 생각과 만나면 엉망이 되어 버립니다. 그래서 열정은 좋은 것이지만 항상 좋은 생각과 만나야 합니다. 한편 열정이 무조건 강하기만 하면 좋은 생각도 먹어버리고 열정 자체가 중심이 되는데, 만일 그 열정이 비이성적인 생각과 만나면 완전히 변질됩니다.

좋은 뜻에서 시작을 했는데 안 좋은 결과로 가는 것은 열정이 처음의 선한 생각을 만나지 못해서 그렇게 됩니다. 그래서 열정을 악한 생각과 단절시키고 처음의 선한 생각과 대화해야 합니다. 그런데 생각이 열정을 쫓아가면 안 됩니다. 그러므로 생각이 생각으로

만 남을 동안 악은 존재하지 않습니다. 하지만 생각이 비이성적인 의지와 만나면 열정과 함께 탁해지게 됩니다. 생각으로만 남고 태도와 행동으로 가지 않으면 됩니다.

증거자 막시무스에 따르면 수도자가 악마와 싸워 대항하도록 인도하는 모든 싸움은 생각에서 열정을 분리하는 경향을 말합니다. 그렇지 않으면 대상의 시선에서 자신의 내적 자유를 유지하기란 불가능합니다. 생각으로부터 열망과 열정을 분리하는 것은 '두려움을 갖지 말기'와 '저항하기'를 말합니다. 곧 영적 무관심, 냉담, 나쁜 생각의 두려움을 갖지 말고 오히려 자유로운 은총 안에서 그것들에 저항하는 것입니다. 열정이 강하면 내적 자유가 힘듭니다. 종종 헌신적인 봉사자들이 좋은 마음으로 열정을 갖고 시작하지만, 상처를 주고 받다 힘이 빠져 냉담하고 많이 아프게 되는 경우를 목격하게 되는데, 이 또한 그러한 맥락으로 이해할 수 있습니다.

악마에 대한 미숙한 두려움에 정의로 저항하지 말아야 합니다. 위-마카리우스(Pseudo-Macarius, 4세기 후반-5세기 초 추정)는 악마를 거대한 자로 상상하는 자는 실수를 하는 것이라고 말합니다. 성 요한 클리마쿠스에 의하면 자신의 능력에 따라 최대의 힘을 얻을 수 있기에 견고한 믿음과 신뢰심으로 저항할 때 그것을 이길 수 있다고 합니다. 하지만 악을 싸워 이길 수 있다고 생각하지 말고 성곽을 쌓아 내적 힘과 신심을 길러야 합니다.

고통은 안아주고 불의에는 저항하라

사람들은 삶의 고통에 어떻게 반응해야 할까?라고 묻습니다. 그러면 예수님은 고통에 어떻게 반응하셨을까요? 주님도 고통을 피하고 싶다고 솔직히 고백하였지만 아버지의 뜻대로 할 것을 청원하고 있습니다.

불교, 이슬람 등 많은 종교는 고통을 이겨내는 어떤 방법도 제시하지 않습니다. 왜냐하면 고통을 이기는 방법은 본디 없다고 보기 때문입니다. 부처님도 생즉고(生卽苦) 곧 삶이 고통이라고 하셨고, 예수님께서도 십자가를 짊어지셨습니다. 그러므로 고통에 저항하지 않고 그것을 받아들이는 것은 종교 경험이 가르치는 요지입니다. 예수님도 고통을 스스로 끌어 안았습니다. 그런데 분명히 분별할 것은 주님은 불의와 부정은 고통처럼 받아들이지 않고 그것에 적극 저항하신 것입니다.

하느님의 사랑은 사람의 사랑과 온전히 다릅니다. 예수님께서는 마리아가 1년 품삯 가격의 순 나르드 향유를 예수님의 발에 발라드린 것(요한 12, 3-8)을 보고 그녀의 사랑이 하느님을 닮았다고 즉시 알아차리셨을 것입니다. 예수님도 당신의 가장 귀한 생명을 사람들을 위해 십자가를 통하여 내놓으셨습니다.

하느님께서는 당신이 창조하신 사람들을 한없이 사랑하시고 용서하십니다. 예수께서도 그 사랑을 살아가셨습니다. 주님은 사람이 악을 결정하든 선을 결정하든 그들의 자유를 존중해주십니다. 왜냐하면 악에서도 선이 나올 수 있는 가능성을 기다려보시기 때문입니다. 이처럼 하느님의 사랑은 '기다림'입니다. 그럼에도 불구하고 하느님은 악속에서 선이 나오지 않을 때는 분명히 개입하십니다.

예수 그리스도께서 유다 이스가리옷에게 "네가 하려는 일을 어서 하여라"(요한 13, 27)고 말씀하신 의미도 상대가 어떤 결정을 하든 받아들이신 것입니다. 예수님도 제자들을 기다리시는 사랑을 하십니다. 구원의 역사에서 삼위일체의 하느님께서는 용서하고 사랑하시기 위해 기다리시고, 서두르지 않으십니다. 하느님의 영혼 돌봄은 고통을 수락하라고 강요하기보다는 고통 안에서 치유와 선과 사랑이 발생하도록 항상 함께 하십니다.

반대로 행동하는 덕목

로욜라의 성 이냐시오에 의하면, 적이 암시한 것과의 정면 대결은 오히려 피해야 합니다. 분노로 우울과 노여움이 오기에 우울과 분노에는 상관관계가 있습니다. 그래서 여덟 가지 나쁜 생각과 칠죄종에 반대하는 덕목을 실천하여 얻을 수 있는 습관이 필요합니다. 여덟 가지 나쁜 생각은 식탐, 음욕, 탐욕, 낙담, 분노, 태만, 허영, 교만이고 칠죄종은 교만, 인색, 질투, 분노, 음욕, 탐욕, 나태입니다. 이에 모순되게 반대하는 덕목은 다음과 같습니다. 식탐에는 절제로,

음욕에 정결로, 탐욕에 관용과 나눔으로, 낙담에 희망으로, 분노에 인내로, 태만에 근면으로, 허영에 진솔로, 교만에 겸손으로, 질투와 시기에 인자로, 즉 여덟 가지 나쁜 생각과 칠죄종과 반대로 행동하는 것입니다.

우울증세는 노여움과 좌절감이 생길 때 오는데, 그 순간 좌절감과 분노가 어디에서 오는지 바라보아야 합니다. 노여움과 분노는 성급함으로 오기 십상입니다. 그리스도인다운 인내심을 키워야 합니다. 그래서 항상 무엇을 섣불리 판단하고 결정하지 말아야 합니다. 분노는 상처를 준 사람이나 줄 것 같은 사람에게 일어납니다. 화는 평소에 미워하는 상대에게 갖는 감정이기도 합니다. 그렇지만 착한 분노는 괜찮습니다. 정의로운 분노는 필요합니다. 시편에서도 "너희는 무서워 떨어라, 죄짓지 마라"(시편 4, 5)라고 합니다. 노여워할 수도 있지만 죄를 짓지는 말라는 의미로 기억하면 됩니다.

분노가 일어나면 짜증이 나고 기도할 수가 없으며 깊은 성찰을 할 수 없습니다. 그러나 흥분하지 말고 화해를 해야 합니다. 찬양하는 시편 기도를 바치고 인내하는 수련이 필요합니다. 가정에서도 실행하고 자선을 베풀어야 합니다. 무조건 피해야 하는 것이 악입니다. 나보다 나를 잘 아는 악이 유혹자이기에 달콤합니다. 그래서 성찰을 해야 합니다. 그런데 성찰과 식별은 한순간에 해낼 수 없기에 천천히 서두르지 말고 일정하게 합니다.

낙원에서 아담과 하와는 간교한 뱀의 유혹에 넘어갔고 악마의 간교함을 물리치지 못하고 논쟁하였기에 하느님과 멀어짐은 물론 서로를 향한 핑계를 대는 죄를 만들어 냈습니다. 하지만 광야에서 예수님은 하느님의 말씀으로 악마의 유혹에 대항하셨으며 유혹을 거부하고 오히려 거슬러 움직였습니다. 하느님의 은총 속에 사는 자의 믿음입니다. 이 믿음으로 '거슬러 움직이기', 즉 '반대로 행동하기(agere contra, 아제레 콘트라)'를 할 수 있습니다. 마치 청개구리처럼 악과 반대되게 행동하는 것입니다.

모든 방해는 악으로부터 옵니다. 칠죄종의 기원인 여덟 가지 생각들 곧 식탐, 음욕, 탐욕, 낙담, 분노, 태만, 허영, 교만은 그 행동들이 외적으로 나쁘게 또는 맑게 포장된 암시로 나타납니다. 이런 나쁜 생각들은 육체에서 출발해 마음으로 향하여 갑니다.

이냐시오 영신수련 첫 주간의 양심 성찰은 생각과 말과 행동에서 지은 죄를 바라보는 일반적인 대상을 기억하는 것입니다. 양심 성찰의 내적인 식별은 어렵습니다. 곧 여덟 가지 나쁜 생각에서 교만이 가장 나중에 있는 것은 하느님의 선에서 가장 멀리 있기 때문입니다. 그러면 왜 생각을 바라보아야 할까요? 생각을 잘 들여다보고 그것이 나쁜 것이든 좋은 것이든, 특별히 나쁜 것에 대해서도 판단은 하지 말아야 합니다. 생각을 판단하지 말고 표현합니다. 표현하다 보면 성령께서 바로잡아 주신다는 것을 믿습니다. 그런데 밖으로부터 들어오는 나쁜 생각에 반대로 행동하는 공로를 세우는 데는 두 가지 방법이 있습니다. 첫째, 대죄를 지으려는 생각이 들 때 이를 즉시 거부하여 극복합니다. 하지만 사탄도 빛의 천사로 위장합니다. 그래서 둘째, 선과 악을 알아차린 뒤 악을 무시하면 됩니다. 그러므로 숙련된 영성생활자는 악한 생각에 관심을 끊고 자신의 영혼을 돌보며 내면의 힘을 쌓습니다.

선한 생각인지 나쁜 생각인지 식별하는 황금률

선한 생각이나 악한 생각이 대상 쪽으로 기울기 때문만이 아니라 떠오른 생각에 자신의 영혼이 어떤 모양으로 반응을 보이느냐가 매우 중요합니다. 식별의 황금률에 따라 선한 생각들이 태어나게 하는 것들은 다음과 같습니다. 이들은 기쁨, 좋은 해학과 유머, 내적 쇄신, 견고한 생각들인데 이것들로부터 우리는 힘이 나고 하느님의 사랑을 품게 됩니다. 한편 나쁜 생각이 일어나게 하는 것은 영혼 속의 두려움, 동요, 무질서한 생각들, 우울, 증오, 게으름과 나태, 비탄, 죽음에 대한 불안, 나쁜 원의들, 허약한 덕, 무질서한 습관입니다.

예전에 가졌던 평화와 안정 그리고 침착성을 빼앗아 영혼을 혼란스럽고 불안하게 하면 이는 영혼의 진보와 영원한 구원의 적인 악한 영에서 나왔다는 분명한 표지가 됩니다. 로욜라의 성 이냐시오는 의로운 길 위에 놓인 자만이 악마의 방해를 받는다고 말합니다.

악마는 열심한 사람들에게 관심을 갖기 때문입니다. 그러므로 우리는 밝게 웃고 아재 개그를 하며 유머러스한 삶을 살아가야 합니다. 수년 전 김수환 추기경님께서 어느 교구의 성당 축성식에 참석하셨는데, 교구장님께서 추기경님께 축성식을 부탁드렸습니다. 추기경님께서는 환한 웃음과 함께 갑자기 교구장 주교님을 향해 "사실은 하고 싶었지?"하며 유머를 보여 주셨습니다. 사람들에게 두려움은 항상 찾아옵니다. 그런 두려움의 순간에 일상에서 가볍게 해학과 유머의 말을 나누고 우정을 나눈다면 놀랍게도 두려움은 사라집니다. 그렇다면 영적생활에서 내면의 두려움은 영적 동반자와 함께 성령의 도움을 받게 될 때 기쁨으로 충만해질 수 있습니다.

칠죄종의 기원이 여덟 가지 나쁜 생각이라고 하는데 둘 사이의 차이점은 무엇입니까? 여덟 가지 나쁜 생각에 대한 신학은 동방 교회의 은수 생활을 하는 수도자들에게서 시작되었고, 공동체 생활을 하는 서방 교회에서 칠죄종 신학이 완성되었습니다. 여덟 가지 나쁜 생각은 하느님과의 관계 곧 심리적인 것임에 반해 칠죄종은 심리적인 것보다는 함께 살아가는 상대와 관계적 특징을 가집니다. 그러나 두 가지 목록에서 공통적으로 최악의 나쁜 생각이자 죄인 것은 교만입니다.

나쁜 생각들과 어떻게 싸울까?

나쁜 생각들과 싸우는 방법

"우리는 악마들을 믿지 말고 힘써 그들에게 대항해야 합니다."(Evagrius, Praticos 22) 나쁜 생각들과의 싸움은 그것을 온전히 실행에 옮기는 순간, 마음이 정화됩니다.(De opificio mundi 164) 필론(Philon)[12]은 절제를 뱀 곧 악마들의 파괴자라고 불렀습니다. 그러나 에바그리우스는 악마에 대항하여 싸우기 위한 실천 사항들의 대부분은 우리가 늘 할 수 있는 것이 아니라고 하였습니다. 오직 기도만이 항구적입니다.

---

[12] 기원전 25년에 태어난 그는 고대 알렉산드리아의 유대인 철학자로 구약의 창세기를 그리스 철학 특히 플라톤 이데아로 알레고리 해석을 처음 시도한 학자.

"악한 생각에 대항하는 두드러진 방법" 가운데 '반박'이 있습니다. 예수 그리스도께서 악마에게 유혹을 당할 때, 성경의 구절로 그의 물음에 대답하시고 악마와 논쟁을 벌이지 않으셨습니다.(마태 4, 3-11 참조) 우리는 성경 전체를 모두 다 외워서 살아가는 수도자들이 있다는 것을 교회 전승을 통해 잘 알고 있습니다. 우리는 그분들을 수덕생활을 하는 수도자들이라고 부릅니다. 그들은 제시된 모든 삶의 질문에 성경 구절의 말씀으로 대답할 수 있었습니다. 그뿐만 아니라 성경의 말씀을 통독하고 필사를 하며 악마의 모든 유혹에 대항할 수 있었습니다.

에바그리우스는 이러한 유혹에 빠지지 않고 이겨내는 영적 수련에 관해 적어 놓았습니다. 그것이 가톨릭의 칠죄종(교만, 인색, 질투, 분노, 음욕, 탐욕, 나태)의 기원이 되는 초기 그리스도교의 여덟 가지 나쁜 생각(식탐, 음욕, 탐욕, 낙담, 분노, 태만, 허영, 교만)입니다.(Wilhelm, Frankenberg, Evagrous Ponticus, Berlin, 1912) 에바그리우스는 각각의 악한 생각을 몰아내는 데 도움이 될 만한 성경 구절들을 언급하였습니다. 이는 창세기에서부터 요한 묵시록에 이르기까지 모두 478개입니다. 이같은 성경 구절들이 수도자들의 내면을 더욱 굳건하게 했을 뿐만 아니라 악습과 나쁜 생각을 잘 가려내고 악과 맞서 싸우는 순간에 훌륭한 기도의 길잡이가 되었습니다.

• 칠죄종 :	교만	• 여덟 가지 나쁜 생각 :	식탐
	인색(소유욕)		음욕
	시기(질투)		탐욕
	분노		낙담
	음욕		분노
	탐욕(폭음,폭식, 제물의 지나친 욕심,중독)		태만
	나태		허영
			교만

초기 그리스도교뿐만 아니라 오늘날도 배움의 기회를 갖지 못한 수도자들에게는 칠죄종, 여덟 가지 나쁜 생각을 이겨내는 방법을 배우고 수련하는 것이 얼마나 큰 노고였을까요? 그러나 실천은 제안된 원리를 수정하게 하고, 점차 그리스도의 이름을 부르는 것으로도 모든 악마들을 그들의 거처로 몰아내기에 충분하다고 생각하게 되었습니다. 그리고 언제부터인가 '예수 기도'가 복잡한 성경 구절 목록들을 대신하게 되었습니다. 예수 기도와 기도방법에 관해서 영혼 돌봄의 3부 영혼의 호흡에서 경험해 볼 것입니다. 특별히 그리스도교 영성서적의 고전이라고 할 수 있는 '이름 없는 순례자'(최익철, 강태용 옮김, 가톨릭출판사, 2021)에서 만난 기도수련을 구체적으로 만나 볼 수 있습니다. 마음 기도는 자기의 마음을 들여다보며 일상의 삶을 순례하면서 만나는 예수에 관한 기도입니다.

스페인 선교사 판토하Diego de Pantoja(1571-1618)는 자신이 쓴 칠극七克(판토하 지음 정민 옮김 2021, 김영사)에서 마음을 다스리는 일곱 가지 성찰에 관해 '교만을 누름', '질투를 가라앉힘', '탐욕에서 벗어남', '음란함을 막음', '식탐을 막음', '성냄을 가라앉힘', '나태함을 채찍질함'을 아래와 같이 기록하고 있습니다.

교만은 사자의 사나움과 같아 겸손으로 복종시켜야 하므로,
복오를 짓는다.(23쪽)
질투는 파도가 일어남과 같아 용서로 가라앉혀야 하니,
평투를 짓는다.(139쪽)
탐욕(인색)은 손에 단단히 쥔 것과 같아서 은혜로 이를 푸니,
해탐을 짓는다.(205쪽)
음란함은 물이 넘치는 것과 같아서
정결함으로 이를 막아야 하므로, 방음을 짓는다.(451쪽)
식탐은 골짜기가 받아들임과 같은지라
절제로 이를 막아야 하므로, 색도를 짓는다.(373쪽)
성냄은 불이 타오르는 것과 같아 인내로 꺼야 하므로,
식분을 짓는다.(279쪽)
나태는 둔마가 지친 것과 같아
부지런함으로 채찍질해야 하므로, 책태를 짓는다.(529쪽)

1995년 범죄 스릴러 영화 세븐은 인간의 7대 죄악을 모티브로 살인을 저지르는 연쇄살인범과 그를 쫓는 두 형사의 이야기입니다. 2018년 세븐의 두 번째 영화가 상영되었습니다. 두 형사 앞에 7대 죄악을 모방한 살인사건이 일어나는 영화는 범인이 저지른 살인과 그 죄악은 식탐(Gluttony), 인색/탐욕(Greed), 나태(Sloth), 색욕(Lust), 교만(Pride)과 관련하여 만든 범죄행위를 그렸습니다. 영화는 18세 이상 관람을 말하고 있는 스릴러 범죄로 잔혹하기 그지없습니다.

결국 사람은 초기 교회에서부터 성찰한 여덟 가지 나쁜 생각과 칠죄종에서 벗어나고, 이겨나감으로써 스스로 영혼을 돌보는 존재로 부르심을 받았습니다. 오늘날 사회는 발전하고 성장하였지만, 정작 인간은 영혼의 깊은 위로 속에서 행복을 누리기 어렵습니다. 그러므로 인간은 스스로 믿음을 키우고 영적으로 성숙하도록 자신을 찾는 여행을 끊임없이 해나가야 합니다.

부정한 생각 간파하기

의식 성찰을 통해 나의 영혼을 관찰하게 되면 불편한 것들을 만나게 되는데 이를 '악을 잘 간파한다.'고 말할 수 있습니다. 주님의 기도 마지막 부분인 "악에서 구하소서."에서 보듯이, 우리가 삶에서 악에 어떻게 대처해야 하는가를 나누겠습니다.

식별, 내 영혼을 간섭하는 방해물을 간파하기

의식 성찰을 설명하면서 우리는 양심 성찰, 영의 식별에 대해 많이 이야기했습니다. 성찰과 식별은 동전의 양면과 같습니다. 그런데 그것들을 자세히 살피면 성찰은 내가 하는 것이고, 식별은 주님이 해주시는 것입니다. 곧 의식 성찰의 감사, 은총을 청함, 성찰, 반성, 개선할 결심들은 내가 합니다. 식별에는 기준이 있는데, 주님의 눈인 성경 말씀으로 자신과 사건을 바라보는 것입니다. 즉, 성령에 이끌려서 말씀을 정확하게 바라보는 것이 식별의 시작입니다. 그래서 식별을 통해 문제의 깊은 의미를 간파하는 것이 중요합니다. 모든 일에 그렇게 하기는 힘들지라도, 문제가 생겼을 때는 깊이 바라보아야 합니다.

영적 식별에서 문제의 깊은 의미를 간파하는 것은 궁극적으로 '악이란 무엇인가? 원수는 누구인가?'를 알아차리는 것입니다. 우리는 자신의 생각, 감각, 마음에 있는 악한 행동으로 움직이는 뿌리를 성찰하고, 영적 식별력을 통해 말씀으로 악을 응시해 이겨내는 실력을 기르도록 서로 도와야 합니다. 하지만 악령과는 직접 싸우지 말도록 해야 합니다. 왜냐하면 악과 싸울 정도로 영적으로 성숙한 사람은 거의 없기 때문입니다. 그렇다면 원수와 악을 찾아낸 후에는 어떻게 해야 할까요? 악을 이기려 하지 말고 식별 단계에서 멈추어야 합니다. 악을 이기려다가 내 자신이 악화(惡化)가 될 수 있기 때문입니다. 악을 발견했을 때는 줄행랑을 치는 것이 최고입니다. 초기 교회의 교부들은 악을 발견했다면 싸우지 말라고 권고했습니다. 우리가 악과 싸울 만큼 성덕으로 거룩하지 않다고 말했기 때문입니다. 하지만 주님이 도와주시기를 청하면 됩니다. 식별의 목적 곧 악을 간파하는 것은 바라보는 것만으로도 이긴 것입니다.

아돌프 아이히만은 나치 독일의 친위대 장교로 육백만 명의 유대인 학살의 실무 총책임자의 위치에 있던 인물입니다. 그는 독가스실을 직접 만들었고, 전쟁이 끝난 후 신분을 세탁하여 아르헨티나로 도주했습니다. 하지만 이스라엘은 그를 몰래 잡아와 이스라엘 법정에 세웠고 세계의 모든 이들이 그의 모습을 궁금해했습니다. 악마의 짓을 한 그가 악마일까? 인간일까? 궁금했던 겁니다. 하지만 법정에 섰던 그의 모습은 그저 평범한 인간의 얼굴이었고, 이는 악의 평범성이었습니다. 그는 법정 진술에서 자신은 '그저 시키는 대로 했을 뿐이고, 생각할 능력도 없는 평범한 관료일 뿐'이라고 말했습니다. 그러므로 생각이 없는 것이 악이라고 말할 수 있고, 아이히만은 선과 악을 식별하지 않아 악에 기울어진 사람의 전형적인 모습을 드러냅니다.

식별, 탐색한 악을 간파하는 통찰

인간의 마음 안에는 '내면 아이', '외면 아이', 그리고 '지금의 나'가 있습니다. 내면 아이는 어렸을 적에 상처를 받은 아이의 모습으로 존재하고, 외면 아이는 자연스럽게 자랐을 때 균형 잡힌 외면의 모습입니다. 이 같은 모습들을 만나는 것은 중요합니다. 그리고 상처가 있는 부분에 치유가 동반되어야 합니다. 인간의 치유 방법에는 여러 가지가 있는데 그리스도교의 방식은 긍정적인 면을 발견하는 것입니다. 곧 축복의 형태로 새 물을 흙탕물에 지속적으로 부어 주듯이 하느님의 축복과 은총을 부어 주는 것입니다.

몸이 아프면 의학적으로, 정신이 아프면 정신의학적으로, 또 영혼의 문제는 영성적으로 치유하면 됩니다. 그런데 생각에 악이 들어오는 경우, 영의 식별력은 악을 이기고 극복하는 것이지 악과 싸우는 능력이 아닙니다. 이는 상처와 아픔을 이기고ㄴ 치유하는 능력이지 악과 싸우는 능력이 아닙니다. 복음서에서 예수님은 악을 "나가라."(마르 1,25; 루카 4,35)라고 하셨지, "죽어라."라고 하시지 않으셨습니다. 그래서 악을 죽이는 것이 아니라 우선 간파하는 것이 중요합니다.

성찰은 생각과 감각과 마음을 들여다보고, 식별은 바라보는 것을 주님께 의탁하고 부탁드리는 것입니다. 사막의 수도자들은 악을 만낮을 때 직접 싸우지 말라고 했습니다. 이유는 반복해서 말씀을 드리지만 악을 이겨낼 만큼, 영적으로 성숙한 사람이 거의 없기 때문이랍니다. 따라서 식별의 대상은 우선 생각입니다. 생각은 밖에서 옵니다. 생각은 말씀에서 오기도 하고 악마에게서 오기도 합니다. 좋은 것이든 나쁜 것이든 내 영혼에 들어옵니다. 식별은 생각을 걸러 다듬어가는 것입니다. 그러므로 하느님의 은총과 많은 관찰을 통해 이뤄지는 식별의 첫 대상은 생각입니다.

복음서에서도 예수님께서 그리스도의 나라를 반대하며 싸우는 인간 본질의 적이 악마라고 말씀하십니다. 그래서 영성가들은 반대를 암시하는 대상에 집중하지 않습니다. 영의 식별로 악마의 공격을 향해서 반응하는 생각 곧 나의 영혼을 바라보고 관찰하며 악습들이 일어나는 내 마음의 상태를 알아차립니다. 그래서 영성가들은 이에 관한 권고와 제시 및 방법들에 집중합니다.

동방 교회에서 말하는 여덟 가지 나쁜 생각과 서방 교회에서 말하는 칠죄종이 그것입니다. 이 두 가지는 악이 우리를 공격하는 방법으로 우리는 이 공격에 대항하고, 우리는 영혼을 돌보기 위해 자신을 부단히 수련해야 합니다.

분별의 목적지, 사랑실천

영의 식별

구약에서 하느님께서는 사람의 낙원생활에서 한 가지를 금지하셨습니다. "선과 악을 알게 하는 나무에서는 따 먹으면 안 된다. 그 열매를 따 먹는 날, 너는 반드시 죽을 것이다."(창세 2, 17) 이것은 아담과 하와에게 주신 낙원의 지침입니다. 아브람에게도 하느님의 뜻을 전하자 "아브람은 주님께서 이르신 대로 길을 떠났다." 이것도 아브람에게 주신 하느님의 뜻입니다. 이처럼 성경은 인간이 마땅히 해야 할 일련의 선택을 제시하고 있습니다(창세 12, 4).

신약성경의 서간에서도 '영들을 식별한다'는 말이 나옵니다.(참조: Jaccques Guillet, "Discernment des esprit dans l'Ecriture", DS 3:1222-47) "어떤 이에게는 기적을 일으키는 은사가, 어떤 이에게는 영들을 식별하는 은사가. 어떤 이에게는 여러 가지 신령한 언어를 말하는 은사가, 어떤 이에게는 신령한 언어를 해석하는 은사가 주어집니다."(1코린 12,10) "사랑하는 여러분, 아무 영이나 다 믿지 말고 그 영이 하느님께 속한 것인지 시험해 보십시오. 거짓 예언자들이 세상에 많이 나갔기 때문입니다."(1요한 4, 1)

선택은 특별한 모습을 띕니다. 하느님의 신비스런 목소리에 반대하여 일어나는 또 하나의 신비스런 목소리, 이른바 죄의 목소리, 사탄의 목소리가 나타납니다. 그러면 서로를 구별하는 데 어떤 표준이 사용될 수 있을까요? 하느님의 목소리를 증언하는 것이 예언자의 역할입니다. 지혜서는 지혜의 소리와 어리석은 소리를, 의로운 자의 소리와 사악한 자의 소리를 구별하는 것을 가르치기 위해 저술되었습니다.

오리게네스(185-254)는 우리에게 영향력을 행사하는 다양한 종류의 영을 말하였습니다.(Marcel Viller, La spiritualite des premiers siecles chretiens, Paris, 1961) 성 안토니오(251-356)와 이집트 사막의 수도자들은 영들에 관해 더욱 구체적인 묘사를 하는 경향을 가지고 있었습니다. 하지만 에바그리우스는 그 가르침이 더욱 체계적입니다.(Louis Bouyer, La via de saint Antonine(Saint Wandrille, 1955) 15-30, 119-52) 그리고 카시아누스가 남긴 기본 규칙들은 그 당시에 가장 완성도가 높았습니다. 그 이후 포티케의 디아도쿠스는 영적 위로와 황량함의 진위여부를 구별하는 것에 대한 문제를 제시하였습니다.(Edourd des Places, 'Diadoque de Photice', DS 3, col 817-34)

은사로서의 식별과 계명으로서의 사랑실천

"여러분은 거룩하신 분에게서 기름부음을 받았습니다."(1요한 2, 20) "여러분은 그분에게서 기름부음을 받았고 지금도 그 상태를 보존하고 있으므로 누가 여러분을 가르칠 필요가 없습니다. 그분께서 기름부으심으로 여러분에게 모든 것을 가르치십니다. 기름부음은 진실하고 거짓이 없습니다. 여러분은 그 가르침대로 그분 안에 머무르십시오."(1요한 2, 27) 이와 같이 복음사가 성 요한에게 있어서, 영적 체험은 '기름부음 받음'과 빛의 상태입니다. 포티케의 디아도쿠스에 의하면 성령은 지식의 등불입니다.('On spiritual Knowledge and Discrimination', The Philokalia, vol. I(London, 1979) 253ff) 벨리코프스키에게 식별은 하느님에 의해 부여된 영적 이해입니다.(Letter to the Monastery of Poljamerulskij, Life and Works(in Russian) (Moscow, 1947) 235)

그런데 이러한 식별의 영적 경험은 사랑의 계명 준수와 분리될 수 없습니다. "우리가 하느님의 계명을 지키면 그것으로 우리가 그분을 알고 있음을 알게 됩니다."(1요한 2, 3) 성 안토니오는 말합니다. "그러므로 많은 기도와 훈련이 필요합니다. 누군가가 성령을 통해 식별의 은사를 받았을 때, 영들의 특성을 인식할 능력을 가질 수 있도록 말입니다."(Vita Antonii 22:PG 26:876B:LNPF series 2, 4:202)

궁극적으로 영의 인식은 오랜 관찰의 결과로 주어집니다. 에바그리우스는 다음과 같이 말했습니다. "우리는 많은 관찰을 한 뒤에야 배우게 되었습니다. 천사의 생각과 인간의 생각, 그리고 악마에게서 오는 생각의 차이를 인식하는 법을 말입니다."(Prakticos 57:SCh 171:617;Cs 4:32) 악마는 자신의 행동과 공격 빈도와 방법을 통해, 특히 그들이 불러일으키는 생각을 통해 자기 스스로를 노출합니다.(Prakticos 43:SCh 599;Cs 4:28) 그러기에 우리는 특별한 감각, 영적 직관력을 획득하여 '악마의 나쁜 냄새를 통해 악한 생각 곧 8가지 나쁜 생각과 7죄종을 식별하게 됩니다.(Prakticos 39:SCh 591:617;Cs 4:26)

식별의 준비, 사(思)심(心) 같이 바라보기.
첫째는 자신을 들여다보는 것

자신을 들여다보는 것을 좀 더 구체적으로 이야기해 보겠습니다. 이는 영에 이끌려서 바라보는 것인데, 자기 자신을 인식하기 위한 것으로서 영의 식별입니다. 그러므로 자기를 들여다보는 것과 자기인식의 통찰은 동전의 양면입니다. 여러분은 자신을 안다는 것을 경험해 보셨습니까? 일상생활 중에 문득 '내가 이랬었구나' 하는 때가 있습니다.

저는 테니스 운동을 고등학생 때부터 해서 그 운동에 자부심이 있었습니다. 그런데 어느 날 후배 신부가 테니스를 치면서 저에게 코치를 하는 말과 모습에 마음이 불편했습니다. 성인이 되어 테니스를 시작한 그보다 내가 더 잘한다는 마음 때문이었죠. 기분이 언짢아진 저는 휴대폰으로 저의 테니스하는 모습을 동영상으로 찍어 보았습니다. 그런데 완전 실망이었습니다. 잘한다고 자부했던 나의 생각과는 달리 부족한 나의 테니스 실력이 그대로 드러났고, 그 신부님이 해준 코치가 잘 맞는 것이었습니다. 그 후 잘못된 부분을 고치고 나니 훨씬 괜찮아졌습니다. 이처럼 내 자신을 잘 들여다보며 알고 이해하면 우리의 신앙생활도 수많은 은총 속에 산다는 것을 느낄 것입니다.

식별준비의 두 번째는 자기 인식

성 바실리우스는 '나를 인식하는 것은 내 안에 있는 무한한 희망을 배우는 것'이라고 말씀합니다. 공자님의 '배우고 생각이 없으면 얻는 게 없다'는 말씀처럼 평소에 우리에게 영혼 돌봄의 공부가 어렵다고 느껴지지만 자신을 들여다보는 것으로 시작하고 수련하면 됩니다. 이는 자신을 판단하지 말고 있는 그대로를 바라보는 것으로서 먼저 마음과 생각 곧 사심(思心)을 들여다보는 것입니다. 하느님은 분명 모든 이에게 다양한 각자의 선물을 주셨습니다. 영의 식별에서 그 선물들로 "나를 인식하는 것"이 중요한데, 이것이 양심 성찰과 관계 있습니다. 그러면 나의 생각과 마음을 어떻게 들여다볼까요?

식별 이전 성찰의 구체적 사례를 나눠봅니다. "어려운 형편의 이웃에게 가진 것을 나누어 주어야 한다는 것을 알고 있지만, 바로 내가 선뜻 행동에 옮길 수 없었다. 사소한 일로 틀어져 버린 사람에게 먼저 손을 내밀고, '내가 잘못했어.'라고 말할 수 없었다. 나를 한없이 낮추고 다른 사람을 돋보이게 할 수 없었다. 내가 저 사람보다 더 잘났는데 가진 것도 내가 더 많은데 왜 고개를 숙여야 하나? 주일 미사 한 번쯤 빠진다고 큰일 날 것도 없지 않은가?" 이런 사례들의 성찰로 우리는 용기 없는 마음과 자신을 드러내고 싶은 욕망들을 보게 됩니다.

식별의 목적지는 사랑실천

믿는 이들에게 고해성사 대부분의 내용은 주일 미사를 참례하지 않은 것입니다. 그러면 주일 미사를 참례하지 않은 것이 죄인 것에 앞서서, 어떤 이유로 참례하지 않았는가를 가만히 살펴보아야 합니다. 2014년 춘계 주교회의에서 주일 미사에 참례하지 않았지만 고해성사를 보지 않아도 된다고 결정하고 승인된 것은 "직업상 또는 신체적 환경적 이유"라는 세 가지 경우입니다. 세 번째 경우에는 유혹거리일 수 있기에 반드시 식별이 필요합니다. 이런 경우들에는 주님의 기도 33번 하는 것을 인정하는 교구도 있지만, 권장하는 것은 그 주일의 복음과 독서를 읽으면서 말씀을 묵상하고 성찰하기, 묵주 기도 5단 바치기, 선행하기 가운데 한 가지 실천만 하면 됩니다. 이것은 성사를 봐야 하는 죄의식에 살게 하지 않기 위한 교회의 결정입니다. 미사는 의무감을 넘어 은혜가 충만하고 좋은 것이기 때문에 적극적으로 참례하는 마음이 앞서야 합니다. 그리고 성찰과 식별을 통해서 예수님과 가까워질 수 있는 고해성사를 통해 우리는 자유로워질 수 있습니다.

식별의 기준들

성찰과 식별

성찰과 식별이라는 주제는 복잡하고 힘든 것으로 보일 수 있지만, 자신이 성찰하고 식별함으로 자유로워지고 이것은 내가 나를 보호하기 위함이며 진리가 나를 자유롭게 하는 것을 느끼게 해 주는 것입니다. 그러므로 식별은 먼저 자신의 윤리적인 판단이나 선택을 위한 것이 아닙니다. 오히려 그리스도를 만나기 위한 것입니다. 말씀과의 만남이 나를 나답게 살아가도록 합니다. 정말 내가 원하는 것, 나를 자유롭게 하는 것이 무엇인지를 알아차리는 것입니다. 그러나 나답게 산다는 것이 욕구대로 사는 것과는 다릅니다. 바로 그리스도, 곧 주님의 삶을 만나느냐 그렇지 않느냐의 선택을 말합니다. 그런데 사탄이 속삭이는 말은 얼마나 달콤한지, 이 모든 것을 뿌리치고 오로지 주님만을 바라보는 것이 정말 쉽지 않기에, 많은 성찰이 필요합니다.

영신수련을 제시한 로욜라의 이냐시오(Ignatius de Royola 1491-1556) 성인은 그리스도와의 만남을 위한 아낌없는 노력으로 순명하기를 결심하는 이들은 큰 공로를 쌓는다고 하였습니다. 가톨릭 최고의 신학자인 성 토마스 아퀴나스(1225-1274)는 파리대학에서 성경강의를 많이 하였으며 아리스토텔레스의 철학을 바탕으로 스콜라 신학을 집대성한 『신학대전』을 저술하였습니다. 그러므로 그는 그리스도에 대한 논리적이고 이성적인 신앙 체계를 성경 안에서 조화시킨 분입니다. 성 토마스 아퀴나스 이전에 켄터베리의 성 안셀무스는 보상의 그리스도론을 주장하였지만 토마스 아퀴나스 성인은 복음 성경으로 하느님의 육화와 예수님의 십자가 신비를 사랑과 희생의 그리스도론으로 완성하였습니다.

성 토마스 아퀴나스는 '왜 하느님이 사람이 되셨는가? 이 육화의 신비는 인간을 너무 사랑하신 것'이라고 말합니다. 인간을 너무 사랑해서 스스로 사람이 되신 하느님, 그분의 아들 예수 그리스도께서는 사랑의 희생으로 십자가에서 돌아가시고 우리를 구원하셨습니다. 성인은 '예수님은 사랑의 모범'이라고 말합니다. 이것은 하느님의 사랑을 그대로 보여주신 자유로운 사랑입니다. 둘째는 '예수님은 인내의 주님'이라고 말합니다. 이는 끊임없이 기다려 주시고 용서하시며 자비를 베풀어 주시는 모습입니다. 셋째는 '예수님은 순종의 모범'이라고 합니다. 예수님은 당신의 생각을 솔직히 고백하지만, 아버지의 뜻대로 하시라는 순종의 주님이십니다. 타인의 명령에 따르는 것이 순명이지만 순종은 자발적인 의사에 의해 이루어지므로 성서적 의미의 동의에 가깝습니다.

식별의 첫 기준은 그리스도, 주님의 말씀

자기 인식에 대한 성찰은 표현과 대화를 통해서 성찰한 것을 차츰 실행합니다. 보통 우리는 성찰, 자각, 느낀 것을 곧바로 실행하고 싶어 합니다. 하지만 즉각 실행하려고 애쓰지 말고, 인지된 자각을 표현하는 것에 집중해 보시길 바랍니다. 성찰한 자신을 고해성사로 차츰 차츰 표현을 하고 나면 후에 실행으로 나갈 수 있고, 실행을 위해서는 시간이 더 필요할 수도 있습니다.

공산주의 이론도 서양에서 시작했지만 오늘날에는 그 이론의 실천보다는 대화와 토론만 남았고, 실행하는 국가는 지금도 아시아 국가인 베트남, 중국, 북한뿐입니다. 이는 실천을 잘하는 아시아 국가들의 민족성에서 드러납니다. 제가 90년대 초중반 로마 유학 시절에 어느 이탈리아 신자의 남편이 공산당 당원이었는데, 그는 아내를 위해 성당에 갈 때 운전은 해 주지만 미사에는 참례하지 않았습니다. 그 모습에서 유럽인들은 삶의 인생관 혹은 가치관에 온전히 적용하는 이론의 실행보다는 아내를 위하는 행동과 구별되어 있다는 것을 보았습니다. 그러므로 이런 경험에서 보듯이 한국 사람들에게 유익한 것이란? 우선 즉각적인 실행 이전에 성찰을 표현하고 대화하는 것이 요청됩니다.

우리는 주님과 대화하면서 먼저 나의 몸과 영혼과 영이 서로 접촉을 합니다. 특히 영혼의 성찰인 생각과 마음이 소통하며 대화합니다. 그러면 내 밖의 어떤 대상과도 소통하면서 함께 성령에 이끌리는 대화를 할 수 있습니다. 자신의 내면 곧 몸과 영혼과 영이 서로 만나고 특히 영혼의 생각과 마음에서 어떤 깊은 접촉이 이루어지는 사람은 세상에서 역시 자신을 잃어버리지 않습니다.

성 바실리오는 복음서의 주님께서 전하는 모든 말씀이 계명인데 그 계명은 우리를 향해 인도하는 별자리이고 등대라고 말씀합니다. 몸과 혼을 비추는 영의 말씀이 우리를 인도하는 것이지 판단하는 것이 아니기에 복음의 메시지를 다 실행하는 것에 애쓰지 말고 내가 할 수 있는 것을 하나씩 실행하면 됩니다.

2021년 문재인 대통령이 바티칸을 방문해서 봉헌한 특별 미사 때 피에트로 파롤린(Pietro Parolin) 국무원장 추기경님께서 '안 하는 것보다 작은 것을 하나씩 실천하는 것이 중요하다'는 말씀을 하셨습니다. 이 말씀에서 추기경님의 영적 식별의 내공이 돋보입니다. 우리도 이렇게 성찰과 식별로 나아가면 됩니다. 영혼 구원 또한 세상의 영성화와 함께 이루어지는 것이기 때문에, 우리가 살고 있는 지구를 살리고, 자연을 회복하는 일에 적극적인 행동 실천과 관련이 있습니다. 따라서 프란치스코 교황님의 생태 회칙 「찬미받으소서」를 읽고 실천하는 영혼 구원의 돌봄이 절실합니다. '지구는 우리 모두의 공동의 집'이라고 프란치스코 교황께서 말씀하십니다. 이처럼 인간 안에서 집과 같은 존재가 영혼 곧 마음입니다.

가출한 청소년들이 집으로 돌아갔을 때 부모님의 방에 불이 꺼져 있으면 나를 기다리지 않는다고 생각하여 집에 돌아가지 않는다고 합니다. 이렇게 안방 같고 정원과 같은 존재가 우리의 마음입니다. 그래서 마음이 가출하면 아프게 됩니다. 이처럼 정원을 가꾸듯이 영혼 곧 생각은 다듬고 거르며 마음을 다스리는 느낌을 통해 영적 감각을 기르게 되는데, 마음의 가장 중요한 영적 감각이 바로 자유입니다. 마음이 자유로울 때 영과 육도 마음 안으로 들어오고, 마음이 불편하면 다 나가게 됩니다.

영들의 활동방법

에바그리우스는 악마가 제안하는 생각들을 추려 내는데, 그 식별의 영성 원리로서 '평화로운 상태와 마음의 소란'에 대해 말합니다. 안토니오 성인 역시 영들이 영혼 안에 만들어 놓은 상태를 관찰하였습니다. 식별의 황금률, 곧 식별의 영성 원리를 정리해 놓은 영성가가 바로 사막의 교부이자 수도생활의 아버지인 안토니오 성인입니다. 그는 선한 비전들을 다음과 같이 말하고 있습니다.

곧 '말할 수 없는 기쁨, 명랑함, 용기, 쇄신된 힘, 생각을 고요하게 함, 대범함, 영혼 안에 일으키는 하느님의 사랑'입니다.

그 반대로 악한 비전들은 다음과 같습니다.

'영혼을 염려함, 생각의 혼동과 무질서, 낙담, 수도자에 대한 증오, 영적인 나태, 싸움, 가족에 대한 안 좋은 기억, 죽음에 대한 두려움' 등이 있습니다.
이러한 나쁜 비전들에는 분명히 '악에 대한 열망, 미덕에 대한 모욕, 불안정함' 등이 있습니다.(Vita Antonii 3; PG 26:896 참조) 이처럼 선한 비전과 악한 비전을 분별하는 식별의 규칙이 경험된 후 다음과 같은 간단한 식별금언이 표현되었습니다.

"고요를 깨는 모든 것은 악마로부터 온다."

후대 영성 작가들은 단순히 '위로'나 '황량함'의 문제가 식별의 기준이 아니라는 것을 알았습니다. 왜냐하면 이런 것들만으로는 그

기원을 모두 설명하기에 충분하지 않기 때문입니다.(Theophanne le Reclus, 193ff 참조)

포티케의 디아도쿠스는 "우리의 지성이 성령의 은총을 인식하기 시작할 때, 사탄 또한 우리가 가벼운 잠에 빠져 있는 한밤중 조용한 시간에 속임수를 띤 감미로운 감각으로 우리의 영혼을 괴롭힌다."고 지적합니다.(영적 지식과 식별에 대하여, One Hundred Texts, The Philokalia, vol.I.(London 1979)261)

하지만 안토니오 성인은 단순히 기쁜 느낌, 단순한 슬픔에 대해 말하지 않습니다. 그보다는 영혼에게는 한때 안정된 상태가 있는가 하면, 또 혼란한 상태가 있다고 말합니다.(Vita Antonii 35, 36;PG 26:89BC 참조) 따라서 천사적인 영들의 출현은 본성에 따른 것인 반면, 악령들의 출현은 선한 본성적 질서를 어지럽히는 것이라고 할 수 있습니다.

설사 악마가 '거짓 빛으로 장식하여' 빛의 천사의 모습으로 가장한다 해도(2코린 11, 14 참조), 그가 살며시 꼬리를 흔들면(Gregory Nazianzen, Oratio 40.10;PG 36:396B 참조) 영혼 안에서 그가 하느님의 모상에게 저지른 짓을 보고 그를 알아보게 됩니다. 왜냐하면 그곳에 가장 결정적인 식별의 기준이 있기 때문입니다. '평화로운 상태'와 '혼란스러운 상태'는 이런 식으로 설명되어야 합니다.

수도자들은 수덕생활에서 취약한 부분에 주의를 더 기울이거나 반대로 지나친 수덕주의에 빠지지 않도록 각별히 지도를 받았습니다. 악마가 수도자와의 투쟁에서 지치면 그들은 약간 후퇴했다가 그사이 어떤 미덕이 소홀히 되었는지 관찰합니다. 그러고 나서 갑자기 소홀한 쪽을 공격하여 그 불쌍한 영혼을 약탈합니다.(Prakticos 44; SCh 171:601;CS 4:28; 필로칼리아의 초기 교부들 참조) 악마는 수덕주의를 극단으로 몰아넣음으로써, 우리가 할 수 있는 것을 해내지 못하게 막고, 우리에게 불가능한 것들을 시도하도록 부추깁니다.(Prakticos 40; SCh 171:593;CS 4:27 참조)

영혼문맹 벗어나기

영혼심리

100세 시대에 행복하고 싶다면? 영혼의 문맹에서 벗어나자! 이렇게 말하고 싶습니다. 분명 영혼을 배우면 무조건 행복해집니다. 그러면 영혼의 기초적인 지식이란? 무엇일까요? 먼저 영혼아! 넌 누구니? 하고 물어보고 싶어졌습니다. 이것이 영혼 돌봄의 시작이 됩니다. 짧지 않고 길게 그리고 오래 사는 인생의 시대가 왔습니다. 그래서 이제 영혼의 중요성, 영혼을 맑고 풍요롭게, 영혼을 고요하게, 영혼을 아는 법을 배워서 영혼문맹에서 벗어나는 길, 영혼을 뚜렷이 들여다보는 성찰 그리고 어떤 기준을 가지고 관찰하는 식별을 수련하는데 여러분을 초대합니다.

요즘 심리학과 교육학 등 상담에서 인간에 대한 자기이해 연구와 실행프로그램이 많아졌습니다. 몇 년 사이 사람들에게 영향을 주고 있는 것은 두 가지를 본다면 바로 메타인지(meta-cognition) [13]와 브레인스토밍(brainstorming)입니다. 그런데 그리스도교에서는 자기 성찰과 자기식별과 함께 자기 영혼을 돌보고 인간 관계를 풍요롭게 할 수 있습니다. 그러므로 그리스도교 영성생활을 하고자 하는 사람들에게 요청되는 것은 자신과 세상을 하느님의 시선으로 바라보는 성찰과 식별의 수련이라고 말할 수 있습니다. 이성의 작업인 자기식별은 동반이라는 정서적 작업을 통해야 합니다. 그래서 자기 성찰과 식별은 온전한 영혼 돌봄인 인간구원의 여정이 될 것입니다.

'용기 나지 않는 나, 용기 나는 나'

영혼아! 넌 누구니? 하고 질문을 해봅니다. 그런데 영혼을 맑고 향기롭게 유지하려면 우선 생각의 시작을 바라보아야 합니다. 생각은 밖에서 내 안으로 들어오거나, 내 자유와 원의에서 순전히 나타납니다. 나타난 생각은 두 가지 유형으로 발생하여 존재합니다. 하나는 맑고 선한 영에서 오고, 둘은 더럽고 악한 영에서 옵니다(로욜라의 이냐시오 영신수련 32). 그래서 선과 악의 영향을 받고 있는 생각을 생각하는 것 곧 생각의 시작을 바라보는 게 중요합니다. 이는 내가

---

13 자신의 인지와 처리과정을 이해하고 인식하는 것으로서 생각을 생각하는 생각에 관한 생각이다.

가지고 있는 삶의 가치들을 잘 식별은 하되, 판단하거나 단죄하지 않기 위해서입니다.

인격은 무엇인가요? 영혼이란 누구일까요? 인격은 내 안에 잉태된 영혼의 생각에서 드러납니다. 좋은 생각은 인격으로 나타납니다. 하지만 악과 나쁜 생각에 매혹되고 이끌린 유혹은 인간의 마음과 정서를 이깁니다. 특히 악은 '약해진 나'를 순식간에 공격합니다. '약해진 나'라는 것은 선을 선택하려고 할 때 '용기가 나지 않는 자신'을 말하는데, 악은 그런 나를 방해합니다. 유혹자는 이처럼 나를 계속 비겁하게 정탐하면서, 악과 나쁜 생각이 나를 향해 움직이게 합니다. 그런데 역사의 경험에서 악이 나를 공격하고 제시하는 것을 인간은 막을 수 없습니다. 그러면 악과 나쁜 생각을 이겨내는 방법은 무엇이고, 어떻게 막아낼 수 있을까요? "깨어 있어야 한다." 깨어 있다는 것은 순간순간 나에게 질문하는 것으로서 기도의 순간이 필요한데, 그 때 어떤 "깨어있음"이 요청됩니다. 그러면서 생각을 느끼고 분별할 필요가 있습니다.

내 생각이 어떻게 태어나고, 어디로 가며, 어떻게 인도되는지 바라봅니다. 그래서 생각의 그 시작과 중간 그리고 끝이 모두 좋고, 모든 일에서 선을 향하면, 이 생각은 천사로부터 온 것입니다. 그래서 나는 맑은 영혼을 유지할 수 있습니다.

"행복하여라, 마음이 깨끗한 사람들! 그들은 하느님을 볼 것이다."(마태 5, 8)

이 말씀이 중요한 것은 이 과정의 반대결과가 원수의 작업을 드러내기 때문입니다. 맑은 세상은 맑은 영혼에서 나오는 듯합니다.

그리스도교 메타인지(Meta Cognition)

2021년 3월 23일 시드니 대교구는 사제 연수의 마지막 부분에서 "성직자를 위한 사회 및 정서의 웰빙과 정신건강 지원"(Supporting Social & Emotional Wellbeing and Mental Health for Clergy)에 대한 주제를 다루었습니다. 전문가들은 오늘날 만연해 있는 코비드-19 판데믹은 사람들의 정신건강을 위협하고 있다고 말합니다. 특히 매우 바쁜 사목적인 업무들로 인해 사제 수도자들이 받는 압박과 트라우마 등이 그들의 정신적인 어려움 곧 다양한 중독과 우울증 등을 야기시킨다고 합니다. 사실 모든 사람은 일상 속에서 정신적인 스트레스로 고통을 받고 있습니다. 이는 보통 사람들이 만나는 삶입니다. 그럼에도 불구하고 정신건강의 전문가들은 '나 자신을 참으로 돕는 최고의 길'은 '누군가를 돕는 것'이라고 강조하며, 좋은 정신건강을 위해 필요한 몇 가지를 제시하고 있습니다.

먼저 '하느님의 아름다운 창조를 마주하라'는 것입니다. 또한, 우리의 인간성을 잘 유지하기 위해서 일상에서 감탄하는 '와우 요소(wow factor)'를 새롭게 표현하면서 그 감정을 유지하라고 말합니다.

결국 자신이 살고 있는 그 나라와 자기 지역의 문화와 정신을 만나고, 그 안에 존재해 온 원천적인 힐링의 경험을 통해 자신을 돌보며, 놀라운 힐링의 정서를 취하라고 강조합니다. 왜냐하면 그 곳에서 자신뿐 아니라 그들의 조상들이 살아온 힐링의 경험은 늘 존재하고 있기 때문이랍니다. 그러므로 "그 지역의 정신 앞에 조용히 머물고, 경청하라!"(Miriam Rose Ungunmerr Baumann)고 안내합니다.

한편 요즘 한국사회에서 심리학, 특히 인지심리학은 메타인지의 이야기를 많이 하고 있습니다. 메타인지(Meta cognition)는 '생각을 생각한다', '인지를 생각한다'는 의미입니다. 그런데 예수님은 "때가 차서 하느님의 나라가 가까이 왔다. 회개하고 복음을 믿어라"(마르 1, 15)하고 선포하셨습니다. 희랍어로 metanoia라고 하는 '회개하다'는 영혼(noia 생각과 마음)을 바꾸다(meta)라는 뜻입니다. 이는 K.라너 신부가 이미 주장하고 있는 회개의 뜻으로서 '인지의 지평과 의식의 확대'라는 뜻과 통합니다.

그러므로 가톨릭의 사제와 수도자 그리고 그리스도교 영성생활을 지속하고 있는 교우들 역시 가톨릭의 영성사에서 이미 수도자들이 살아온 영적 전승을 통해 영적 수련을 할 수 있습니다. 이를 통해 정신건강뿐 아니라 '영혼 돌봄'을 할 수 있다고 생각합니다.

그리스도교 영성사에서 영혼 돌봄의 주제는 바로 '생각의 인지' 수련과 맥을 같이 합니다. 영성가들은 수도자들이 수도생활을 하면서 만나는 생각의 정체를 밝혀내는 데 많은 연구와 임상을 하였습니다. 자신의 생각을 바라보고, 인지하는 작업은 이미 그리스도교 영성사에서 수도 공동체 생활을 하는 수도자들에 의해서 무던히도 발견되었던 선물입니다. 그들은 생각을 살피는 수련 안에서 발견된 순수한 생각을 찾아 나를 치유하고 하느님 안에서 행복하게 생활하였던 것입니다.

그리스도교 신앙을 살아가는 수도자들에게 순수생각을 발견하는 길은 영혼인지(생각과 마음인지)의 지평을 확대하는 것이었습니다. 이제 현대를 살아가는 신앙인들도 이를 경험하고, 그리스도교 영성가들이 몸소 겪고 살핀 '생각의 영성과 영혼 인지의 심리 수련'을 체험하시기를 바랍니다. 이 글이 특별히 모든 사제와 수도자 그리고 영성생활을 바라는 교우들에게 도움이 되기를 기도합니다.

나쁜 생각과의 싸움

인간은 생각을 다스리는 데 온 힘을 써야합니다. 곧 인간은 자신을 괴롭히는 악하고 나쁜 생각의 덤불을 잘라내야 한다고 위마카리우스는 말하였습니다.(Homilia 6, \3;PG 34:520B) 오리게네스 역시 모든 죄의 샘과 악의 근원이 악한 생각이라고 말하였습니다.(Comentarium in Mathaeum 21. edd. Ernst Benz and Erich Klostermann, CGS 40:48) 그리스도교 영성의 역사에서 볼 때, 영성가들은 이구동성으로 이점을 크게 강조하고 있습니다. 그렇게 볼 때, 인간은 삶 속에서 끊임없이 발생하는 '보이지 않는 싸움'을 계속하고 있는 것입니다. 그러므로 사람은 보이지 않는 싸움의 깊숙한 그곳에 바로 나쁜 생각이 존재한다는 것을 알아차려야 합니다.

한편 사람들은 눈에 보이는 싸움에서 물질적 것과 많은 관계를 맺고 살아갑니다. 가시적인 싸움과 접촉을 하면 자기 안에서 열정이 솟아나는데, 그 열정은 바로 물질로부터 기인해서 일어납니다. 이러한 싸움에서 나쁜 생각, 곧 악마에 저항을 하기 위해 물질의 절제와 포기가 필요하게 됩니다.

그런데 수도자들에게서 종종 만나게 되는 싸움은 보이지 않는 전쟁입니다. 이를 통해 악마는 주로 생각을 통해서 수도자에게 시비를 걸어오고, 그들에게 비가시적인 전쟁이 시작되도록 합니다. 본디 수도자들은 광야에서 물질적인 것을 갖고 있지 않기 때문입니다. 그런데 보이는 가시적인 싸움은 비가시적인 것보다 비교적 쉬운데, 마치 운전으로 치면 초보자들의 싸움쯤으로 여겨집니다. 하지만 운전사고는 초보 때보다는 운전이 익숙할 때 종종 발생하게 되는데, 영적인 싸움도 이와 같다는 것입니다.

하지만 심리적인 관점에서 볼 때, 보이지 않는 생각과의 싸움, 내적인 교전, 내적 실천은 보다 근본적입니다. 이유는 이것이 죄의 뿌리를 다루고 있기 때문입니다. 그러므로 물질적인 것에서 벌어지는 싸움으로서의 행동의 죄와 그 전쟁은 내적 생각과 관련되는데, 이 물질적 싸움은 바로 비물질적 전쟁과 극명하게 대조됩니다.

고백자 막시무스(Maximus Confessor)는 다음과 같이 강조합니다. "생각을 오용하지 말라. 그렇지 않으면 물질적인 것도 오용하게 된다. 왜냐하면 인간이 생각으로 먼저 죄를 짓지 않는 이상, 행동으로는 결코 죄를 짓지 않을 것이기 때문이다."(Century II, on Charity 78;SCh 9:17;ACW 21:168)

악을 이기는 3가지 훈련

악을 이겨내는 세 가지 수련

악을 이겨내는 3가지는 '열정분리', '두려움 통제-두려워하지 말기', '악과 상대하지 않기' 입니다.

'열정분리하기'는 어떻게 하는 것일까요? 생각을 생각하여, 생각이 오직 생각으로 남게 합니다. 생각이 생각으로 남을 때, 악은 행동할 수 없습니다. 다만 비이성적 의지로 영향을 받은 생각은 열정으로 변하고 무질서하게 됩니다. 생각의 순수함, 맑은 영혼을 유지하는 법을 수행해야 합니다. 그 수행방법을 성 막시무스와 로욜라의 성 이냐시오를 통해서 배울 수 있습니다.

열정이라는 감정(passio)은 선하지도 악하지도 않습니다. 선한 생각과 의지와 함께 하면 선한 것이고, 악한 생각과 의지와 함께 하면 악한 것입니다.(CCE 1767) 그러므로 나쁜 생각에 열정을 분리하고 좋은 생각에는 열정이 함께 해야합니다.

"생각들에서 열정을 분리하면 악마와 싸움에서 이긴다. 그렇지 않을 때 내적 자유(마음평온)를 유지할 수 없다."(고백자 성 막시무스)

"생각에서 열망을 분리하면 자유로운 선택과 평온한 성찰을 통한 순수 생각이 된다."(로욜라의 성 이냐시오)

두려움 통제, 곧 '두려워하지 말기'는 어떻게 할까요? 반대로 행동하기(Agere Contra)를 하면 가능합니다. 그리고 이렇게 스스로 자신에게 기도합니다. "나쁜 생각에 대해 두려움을 갖지 마라!" 곧 "나쁜 생각을 두려워하지 마라!" 하느님의 은총으로 견고해진 마음의 자유로움이 그 나쁜 생각, 악마에 저항할 수 있기 때문입니다.

동정성녀 아녜스의 맑은 영혼과 성녀 소화 데레사의 깨끗한 영혼이 더러운 영, 악마를 이겨내듯이, "악마에 대해 미숙한 두려움을 가지지 마라!" 더 나아가서 "악마를 거대하게 상상하지도 말라!" 주님이 나에게 주신 힘과 견고해진 내 능력으로 악마에 저항하고 이길 수 있습니다. 이긴다는 것은 적을 완전히 제거하는 것이라기보다 포용하는 것입니다. 하지만 악마에게 단호하게 대하며 '나가라' 하고 말씀하신 예수님의 구마치유가 그것입니다.

사막의 교부들은 적이 암시하는 것에 대해 거슬러 저항하도록 참으로 많은 훈련을 하고, 그것을 통해 얻은 습관을 모순되게 수련하라고 권고하였습니다. 그리스와 러시아의 수도자들은 마음 기도 수련서, 자애록(philokalia)에서 지속적으로 실행하는 영적 싸움에서 마음의 평화를 보존하라고 권고를 받았습니다.

'악(나쁜 생각)과 상대하지 않기'란 무엇일까요? 낙원에서 하와의 약점은 악마와 토론한 것입니다. "악마와 대화하지 말라." 광야에서 악마와 마주 서서 유혹을 거부한 예수님처럼, "오직 반대하고 반박하며 거부하라." '사람이 아니라 죄를 미워하라'는 한국의 속담처럼, 악마와 나쁜 생각에 "거슬러 저항하라."(Agere Contra) 이것이 수도생활, 영성생활, 신앙생활의 에너지입니다.

내 안에 존재하는 8가지 나쁜 생각은 탐식, 간음, 인색(탐욕), 낙담(우울), 분노, 나태, 허영, 교만입니다. 미사의 시작 예식, 참회 때 우리는 가슴을 세 번 치며 '생각과 말과 행동 그리고 의무의 소홀함'을 고백하며 기도합니다. 말과 행동 안에 그 원천인 영혼의 생각이 들어있습니다. 그래서 대죄를 지으려는 생각이 들 때, 말과 행동으로 가지 말고 즉시 생각을 거부하여 극복합니다.(영신수련33) "사탄도 빛의 천사로 위장합니다."(2코린 11, 14)

유혹에 빠지지 않으려면?

영성가들은 '생각은 그 자체로 어떤 의미를 두진 않는다'고 합니다. 오히려 생각은 지각을 가진 사람한테서 나타나는 정신의 이미지 곧 표상입니다. 그런데 이러한 이미지는 정신과 마음에 나타나는 것이 아니라 자신이 무엇인가를 찬성하고 반대하려고 판단하는 인지능력의 부분에서 나타납니다. 곧 생각의 정신적인 이미지는 '산만한 사고' 다시 말해서 추론적이고 수학적 사고인 '산만한 이성(dianoia)'에서 나타난다고 증언합니다.

그런데 이러한 이미지는 이상할 만큼 매력적으로 비치고, 자신의 마음을 뒤흔들고 있습니다. 그러고 나면 거기에서 열정이란 에너지가 일어나 사람을 조정하며 움직입니다. 그래서 하느님의 법에 반대되는 비밀스런 어떠한 결정을 하게 하거나. 최소한 그러한 이미지와 일종의 은밀한 대화를 나누게 합니다. 그러니까 이러한 이미지들은 일종의 우상으로서 스스로를 드러냅니다. 그래서 영성가들이 이구동성으로 경고하는 바, 이 이미지가 나의 내면에 뿌리내리기 전에 얼른 몰아내야 합니다.

에바그리우스는 열정을 다음과 같이 묘사합니다. 악마적인 생각, 곧 나쁜 생각은 인간이 경험하는 민감한 생활에 속하는 하나의 이미지로 나타나고 그것을 이해하는 과정 안에서 형성된다는 것입니다. 그래서 정신이 열정에 사로잡혀 움직이는 순간, 사람은 그 이미지에 의해 이미 압도되고, 그렇게 영향받게 된 정신이 방금 들어온 그 이미지에 따라 하느님의 법에 대항하면서 몰래 무엇인가를 말하거나 행한다는 것입니다.(J. Muyldemans, Evagriana. Extrait de la revue Musseon, tome XLIV, (Paris, 1931) 54, 59)

'열정적인' 생각

사람이 일상을 살아가면서 단순한 생각과 열정적인 생각을 구별하는 법을 배우는 것은 어떤 점에서 쉽습니다. 막시무스에 의하면, 물질적인 대상 곧 남자, 여자, 황금이 사람 앞에 존재한다고 가정을 했을 때, 그것들의 표상은 단순히 물질적인 것에 대한 기억이나 심상으로 나타난다는 것입니다. 하지만 열정은 사람에게 표상에 대한 합리적이지 않은 애정 곧 불합리한 애정 혹은 무분별한 증오로 드러납니다. 그런데 이 순간 사람이 가지고 있는 경향이라는 것은 자기 나름대로 순수하다고 할 수 있는 생각을 동반하는 자기 의지, 곧 '아집'을 말합니다.

그래서 이 열정을 방어하기 위해 막시무스가 말하는 정화과정은 다음과 같습니다. "수도자에게 일어나는 모든 전쟁은 악마에 대항하여 '표상'에서 '열정'을 분리해 내는 데 있다. 그렇게 하지 않으면 그는 물적인 것을 무심하게 바라볼 수 없다."(Maximus the confessor, Century III, 41;SCh 9:136.;21,180)

악한 생각들의 뿌리

오리게네스는 생각과 영 혹은 악령 사이의 상호관계를 설정하였습니다.(Homilia 15 in NUmberos 5; CGS 33: 389; SCh 71(1960) 348-50) 에바그리우스도 오리게네스처럼 생각이라는 용어를 사용하였습니다. 그런데 우리는 이 용어가 포함하는 유다교 윤리학의 중요개념을 정확하게 인지해야 합니다. 생각이라는 말에서 파생된 이 개념(yeser. S. Bettencourt, 'Doctrina ascetica Originis', 77ff; J. Danielou, DS 3:187)은 인간 안에 존재하고 있는 구체적이고도, 개인적인 것으로 이해된 어떤 것인데, 바로 이것이 조언(diaboulion. counsel. 참조: Si 15, 14.)의 개념입니다.

안토니오 아빠스에 따르면, 은수자들에게 '악한 생각'이란 대적하고 있는 악마의 무기라고 하였습니다. 그런데 에바그리우스도 '악마'와 악한 경향을 가지고 있는 '생각' 또는 '정신'을 구분하지 않았습니다.(참조: The treatise De octo spiritibus malitae, PG 79:1145ff) 더욱이 고백자 막시무스는 정신은 감각, 신체조건의 기질, 기억 등 세 가지 원천에서 열정적인 생각을 취한다고 말합니다.(Maximus the confessor, Century II, 애덕에 관하여 74; SCh p.115; ACW p. 167)

이렇게 볼 때, 인간에 대한 악마의 폭정은 특히 열정을 통해 이루어집니다. 열정의 기억들이 악한 생각에 원재료를 공급합니다. 에바그리우스에 의하면, 생각이 행동 안에 열정을 불러일으키는지, 열정이 행동 안에서 생각을 불러일으키는지 고려해볼 필요가 있습니다.(Praklitos 37; SCh 171: 685; CS 4:61). 열정과 행동과 생각의 관련성이 수도원장 에바그리우스 뿐만 아니라, 아나톨리우스의 활동적 삶에 관한 이야기를 통해서 자애록(Philokalia)의 초기 교부들 문헌에서 나타난다) 그는 도덕적 관점에서 인과 관계가 상호적이라는 점을 경고합니다. 사람 안에 있는 그러한 열정적인 기억들은 그가 예전에 열정에 이끌려 경험한 체험들로부터 나온다고 말합니다. 열정의 영향 아래 사람이 지금 겪고 있는 모든 경험은 장래에 열정적인 기억의 형태로 사람 안에서 지속될 것이라고 말합니다.(Praklitos 34; SCh 171:579; CS 4:25)

그래서인지 열정은 마음의 상태를 자극합니다. 따라서 '마음에서 나쁜 생각들이 나온다.'는 말씀은 일리가 있습니다. "마음에서 나쁜 생각들, 살인, 간음, 불륜, 도둑질, 짓 증언, 중상이 나온다."(마태 15, 19) 결국 부패해 버린 마음, 외부로부터의 상처를 받은 마음이 열정적인 움직임의 근원이 됩니다. 하지만 이것은 '본성'자체에서 일어나는 일은 아닙니다. 그렇게 볼 때, 코로나-19 판데믹 시대를 살아가는 성직자, 수도자 그리고 영성생활을 지속하는 평신도들이 매우 조심할 것이 있습니다. 이는 열정의 뿌리를 알아차리고, 그 열정으로부터 멀어지는 수련을 하는 것입니다.

영혼 돌봄은 열정과 생각의 분별입니다. 그리고 열정을 마음과 생각에 남겨둔 채, 인내하고 참아내는 것을 미덕으로 생각하는 빗나간 수덕주의를 조심해야 합니다. 이와 같은 그릇된 수덕주의가 자신의 영적인 치유를 어렵게 하는 왜곡이 일어나는 것입니다.(T. Spidlik, Theophane le Reclusm 88) 결국 악한 생각은 하느님이나 천사, 인간의 본성적 존재에 의해 야기되는 것이 아닙니다. 오직 악마 곧 나쁜 생각과 선을 유보하거나 피하는 인간의 자유의지에 의해 야기됩니다.(Praklitos 55; SCh 171:628; PG 40: 1240A; CS 4:31) 그러므로 영적인 삶을 추구하고 살아가는 신앙인들은 나쁜 생각과 선을 피하고 악을 취하려는 자유의지를 늘 유의해야 합니다.

신의 눈으로 영혼을 들여다보기

하느님의 눈으로 자신을 들여다보는 의식 성찰

의식 성찰은 자신의 생각을 들여다보고, 하느님의 섭리와 판단을 바라보는 기도입니다. 교육학과 심리학에서 말하는 메타인지는 그리스도교 영성사에서 볼 때 의식 성찰에 토대를 두고 있습니다. 메타인지는 첫째 자기 자신을 거울처럼 바라보고, 그렇게 바라본 자신을 믿어주며, 그 때 발견된 자신의 부족함을 받아들이는 것입니다. 이는 자신을 관찰(monitoring)하고 조절(control)하는 것입니다. 모니터링은 자신이 아는 것과 모르는 것을 식별하고, 콘트롤은 그것을 어떻게 행동할 것인가를 조절합니다. 하지만 의식 성찰은 보다 구체적으로 그것을 죄라고 말합니다. 의식 성찰은 다음과 같습니다.

1) 받은 은혜에 감사한다.

2) 죄를 알고 떨치는 은총을 구한다.
3) 특별성찰을 한다. 영혼(생각, 말)과 삶(행동, 습관)의 목적을 셈한다.
4) 잘못한 것을 부끄러워하고 후회하며 용서를 구한다.
5) 잘못을 교정하고 개선할 결심을 한다.
6) 주님의 기도를 드린다.

주님의 기도 후반부에는 4가지 청원기도를 드립니다. 첫째, 오늘 일용할 양식을 달라고 청원합니다. 둘째, 과거에 저지른 죄를 용서해달라고 청원합니다. 셋째, 미래에 다가올 유혹에 빠지지 않고 악에서 구해달라고 청원합니다. 주님의 기도는 이처럼 과거, 현재, 미래의 시간에 만나는 인간관계가 온전히 회복되기 위해 주님께 청하는 기도입니다. 그래서 의식 성찰 마지막에 주님의 기도로 마무리합니다.

자기식별은 자신의 생각과 마음, 곧 내 영혼을 바라보는 것입니다. 식별력은 궁극적으로 악을 이기는 힘입니다. 악을 간파합니다. 내 안에 움직이는 악한 행동을 바라봅니다. 그럼에도 사막교부들은 "악을 만나면 악령과 직접 싸우지 마라!"라고 주의를 줍니다.

나는 생각과 말 그리고 행동하는 것을 관찰합니다. 내 영혼 돌봄을 위해서 교회 영성가의 경험들이 도움이 됩니다. 내 안에는 일곱 가지의 죄가 도사리고 있는데, 칠죄종은 교만, 인색, 질투, 분노, 음욕, 탐욕, 나태입니다. 내 영혼과 마음상태를 바라보고 주님의 영에 의탁하는 것이 자기식별입니다.

생각 고백하기, 생각의 표명

하느님께서는 우리의 영혼 곧 생각과 감정을 통해서 말씀하십니다. 영혼의 움직임이 성령에 의해 작동하지만, 한편 세상과 환경 그리고 우리 자신과 악마에 의해서도 일어날 수 있습니다. 어떤 생각에 어떤 감정이 동반하고, 또는 어떤 감정에 어떤 생각이 생기는지를 주목하는 것이 중요합니다.

우리는 여러 가지 다른 생각을 할 수 있고, 그 생각 모두가 선할 수도 있지만 그렇다고 그 모든 생각을 다 따라갈 수 없습니다. 그렇기 때문에 생각과 감정의 상호 작용은 매우 중요합니다. 생각은 추상적일 수 있고, 또 생활한 경험과 관계가 없을 수 있습니다. 그런 반면 감정은 어떨까요? 감정은 사람의 기억을 포함해 구체적인 실체를 더욱 쉽게 드러냄으로써 그의 생각까지도 좀 더 쉽게 파악할 수 있게 합니다.

생각의 식별은 기술 중의 기술로, 이를 초보 수도자에게서 기대할 수는 없습니다. 그러기에 초보 수도자는 식별력 있는 교부에게 자신의 생각을 표명했습니다. 수도원 공동체의 모든 이들은 이러한 양심고백을 하였습니다.

이런 식별 영성의 원리는 안토니오 성인에 의해서 만들어졌습니다. "수도자는 할 수만 있다면 그의 연장자에게 몇 개의 계단을 오르고 자신의 독방에서 몇 방울의 물을 마시는지 자신 있게 말해야 한다."(Apophthegmata Antonius 38:PG 65:88 참조)

이러한 실천을 하는 데는 침묵이 바람직하지 않습니다. 오히려 "자신의 생각을 결코 침묵하지 않는 것이 보다 타당하다."라고 바르사누피우스 영성가는 다음과 같이 말했습니다.

양심고백은 죄의 고백이며
'생각의 고백'이다.

이것은 그 생각들이 좋은가 나쁜가를 알기 위한 것입니다. 많은 경구들이 질문과 대답의 상세한 암송이며, 모두가 짧은 몇 마디 말로 이루어졌습니다. 마찬가지로 지시를 내리는 편지 또한 간명합니다.(the Letter of St. Barsanuphius and St. John, ed. Nicodemus the Hagiorte(Venice, 1815 참조) 수도자들은 자신의 생각을 날마다 수도원장에게 표명하였습니다.(Coctitutiones Studitae 22, PG 99 참조) 많은 동방 교회 전례서들은 수도원장이 아닌 다른 영성가들에게 비밀을 털어놓아도 된다고 허락하였습니다. 이러한 실천이 구원에 필수적이라고 믿었던 도로테우스는 다음과 같은 이유를 제시하였습니다.

"열정에 가득 찬 우리는 스스로의 믿음을 완전히 믿고 자신을 맡겨서는 안 됩니다. 왜냐하면 잘못된 규칙은 곧은 것까지 굽게 할 수 있기 때문입니다." 도로테우스의 기록한 식별 영성의 원리인 '지도서'의 제목은 다음과 같습니다.

'자신의 판단을 따르지 마라.'(Instruction 5.66: 21:122 참조)

양심 성찰

생각을 드러내려면 영혼 안에 무슨 일이 일어나고 있는지를 성찰해야 합니다. 이를 위해 매일 자신을 성찰하는 시간을 가져야 합니다. 이런 주제들이 요한 크리소스토모 성인과 4세기 시리아와 팔레스타인 영성가들, 가자의 도로테오에서 잘 나타납니다. 신 스토아학파의 양심 성찰과 비슷하지만 목적이 다릅니다.(DS 4/2: 1790-99 참조)

가자의 테오도로에게 성찰, 곧 양심 성찰의 목적은 단지 자신에게로 돌아오는 것이 아니라 자신을 면밀히 조사하는 것입니다. 생각을 관찰하고 깨어서 마음을 들여다보는 것입니다. 떠오르는 생각을 거르고, 흐르는 마음을 들여다보는 것이 양심 성찰입니다. 이러한 성찰이 영적 동반 지도에서 매우 중요한 요소입니다.

요한 클리마쿠스는 자신의 잘못과 생각을 날마다 적어 놓는 작은 책자를 지니고 다니는 많은 수도자들을 보았다고 말합니다.(Scala Paradisi 4: PG 88: 702D 참조) "열정이 자신한테서 어떠한 이익을 취하는 것을 보면, 누구나 이러한 열정에 대항해 무기를 들어야 합니다. 왜냐하면 이 한 가지 열정이 사라지기 전에 다른 열정들을 다 승복시킨다 해도 우리는 어떠한 이익도 얻을 수 없기 때문입니다"(위의 책, 15: col. 8877D). 충실히 실행된 '보편적 성찰'(general examination)은 그 자체가 곧 '특별한 성찰'(special examination)이 됩니다. 서방 교회에서 특별한 성찰은 로욜라의 이냐시오 성인에 의해서 하나의 방법으로 체계화되었습니다.

완고함에서 벗어나면 영혼이 맑아진다

나이를 먹어 가면서 말이 많아지는 사람이 있습니다. 자기변명 곧 자기변호를 위해 그렇게 할 수 있는데 오히려 이것은 완고함으로 굳어질 수 있기에 경계해야 합니다. 곧 자신의 주관적인 입장에서만 생각하고 누구와도 타협하지 않으며 내 생각과 반대되는 의견에는 존중없이 적대감을 가지고 대항합니다. 역설적으로 그는 자기 확신이 없는 사람이기 쉽습니다. 삶의 유연함이 없이 오직 자기 뜻을 관철시키려는 아집과 편견이 바로 완고함입니다.

하지만 성 도로테오에 따르면, 의로운 주장을 하는 자기변호는 자기를 지지하고 반대로 자기의 참 의지와 만나게 하여 악(나쁜 생각)을 물리치는 힘이 됩니다. 로욜라의 성 이냐시오는 말합니다. 자기 의지는 순종과 헌신을 통해 교회의 전승 안에 존재하는 완전한 태도에 항상 일치합니다. 스투디타의 성 테오도로에 따르면, 수도원장, 주교, 총장, 주임사제, 단체장, 부모 등의 장상들은 자기 책임 하에 있는 직무 종사자들을 위해 봉사해야 합니다. 장상은 순종을 요구하면서도 자기 산하에서 협력하는 직무 종사자들이 어지러운 감정들로부터 해방되고, 하느님을 향하여 자유롭게 다가가도록 대리권을 줍니다.

그러므로 영신수련이란? 온갖 무질서한 애착을 없애도록 우리 정신을 준비하고 내적 자세를 갖추며 그런 다음 영혼구원을 위해 자신의 인생에 대한 하느님의 뜻을 찾고 발견하려는 모든 방법을 영신수련이라고 하는 것입니다(영신수련 1).

자기식별의 황금률, 선한 생각이 어떻게 태어나는가?

사막교부와 수도생활의 대부인 성 안토니오에 따르면, 자기식별의 황금률인 선한생각이 태어나게 하는 것들은 다음과 같습니다. 말할 수없는 기쁨, 해학과 유머, 용기, 내적 쇄신, 에너지를 얻기 위한 사랑, 하느님을 위한 사랑입니다.

하지만 더러운 영혼이 될 수 있는 '나쁜 생각'을 일으키는 것들은 다음과 같습니다. 영혼의 두려움, 동요, 생각들의 무질서, 우울, 덕에 반대하는 증오, 게으름, 나태, 비탄, 죽음의 불안, 나쁜 원의, 덕의 허약함, 습관들의 무질서입니다.

3부

영혼 돌봄 둘,
영혼의 호흡으로

당신의 영혼, 생각과 마음을 그냥 지켜봅니다.
영혼의 메시지를 느껴봅니다.
당신의 영혼과 지금 이 순간을 영에 내맡겨봅니다!
나는 몸이고 영혼이며 영입니다.

성찰은 영혼을 들여다보고,
식별은 말씀으로 영혼을 비춥니다.

생각은 멈추고 마음이 흐르는 영혼 돌봄

영과 영혼과 몸, 영혼과 육체 / 마음과 몸 / 생각과 마음 들여다보기

나를 찾는 마음 기도

그리스도의 메시지는 외부로 드러나는 행동을 지시하는 '마음'에 따라 스스로 식별하고 선택하도록 안내합니다. 정신은 자발적으로 '자신을 알라', 곧 무엇이 자신의 심리적 영적인 자아를 구성하는지 인식하도록 합니다.

의식 기도의 말이 낯설게 느껴지지만 이제까지 말씀드린 의식 성찰(양심 성찰) 기도는 가톨릭에서 드리는 기도의 모든 것이라고 말할 수 있습니다. 왜냐하면 모든 기도문의 내용이 지향을 두고 생각을 하면서 드리기 때문입니다. 의식 기도의 핵심은 생각의 지향입니다. 그러므로 의식 기도는 기도문 하나하나의 의미를 생각하고 표현하며 대화하고 그 사랑을 나눕니다.

마음 기도는 의식 기도와 달리 '생각을 내려놓는' 기도입니다. 생각으로 하는 기도와는 다른 마음 기도는 말 그대로 '마음으로 드리는 기도,' 곧 마음의 길을 따릅니다. 마음을 느끼려면 '침묵하는 것'이 중요합니다. 침묵과 고요가 생각을 내려놓는 환경이고, 그 때 마음을 느낄 수 있습니다. 마음을 느끼는 순간 영혼의 눈이 열립니다. 마음 기도가 눈의 기도로 옮겨갑니다.

눈으로 출발하는 기도는 "늘 깨어 기도하라"(루카 21, 36)는 예수님의 말씀에서 출발합니다. 깨어 있다는 것은 무엇일까요? 성찰은 영혼의 마음과 생각을 들여다보는 것이고, 식별은 생각과 마음의 영혼을 말씀의 거울에 자세히 비추어 들여다보는 것입니다. 곧 깨어있음은 성찰과 식별한 것을 통해서 눈을 크게 뜨고 깊이 바라본 것을 실천하는 것인데, 받아들이는 삶, 즐거움, 하느님과 함께하는 열정입니다.

마음 기도는 생각을 내려놓고 마음의 눈으로 바라봅니다. 보이는 대로 바라보지 않고 시선의 단식을 합니다. 곧 눈으로 볼 것이 많으면 마음이 산란합니다. 눈의 시선은 영혼의 생각과 마음 그리고 육의 문제와 연결되기 때문입니다.

기도를 잘하는 한국 교우들은 묵주 기도를 많이 하고, 성체 조배도 즐겨 합니다. 이것은 가톨릭교회의 의식 기도를 마음으로 기도하는 경향을 보여주곤 합니다. 의식 기도의 내용과 지향을 먼저 삶에 우선순위를 두면서 기도합니다. 교우들은 주님께서 제자들에게 가르쳐 주신 복음의 요약인 주님의 기도를 마음의 평화를 느끼는 은혜로 느끼고 있습니다.

한국인들은 빠른 경제 성장 속에서 국가의 외적인 자존감은 높아졌지만 그에 비해 보이지 않는 개인의 삶은 더욱 각박해졌습니다. 영혼을 돌볼 틈이 없이 열심히 앞을 향해서만 달려왔던 그 대가를 지금 사회에서 혹독히 치르고 있습니다. 이제 서로에 대한 마음의 공감이 더욱 필요한 때입니다. 우리의 몸, 영혼, 영이 서로 통하는 기도인 마음 기도로 영혼 곧 생각과 마음이 든든해질 수 있습니다.

마음은 무엇인가?

마음은 영과 육체가 함께 머무는 가정과 같습니다. 영혼 속의 마음은 다면적이고 영혼의 의식은 입체적입니다. 의식에는 이성, 의지, 상상, 논리성 등이 서로 입체적으로 움직이는데, 마음은 영혼과 육체에 영향을 주고받고 하느님을 바라보는 다면적인 기관입니다. "행복하여라, 마음이 깨끗한 사람들! 그들은 하느님을 볼 것이다."(마태 5, 8)는 마음이 깨끗한 상태여야 하느님을 볼 수 있다는 말씀입니다. 베네딕토 16세 전 교황께서도 인간이 하느님을 바라보는 기관은 인간의 마음이라고 하셨습니다.

그리스도교의 전통에서 마음의 깨끗함은 정화 곧 맑음입니다. 생각과 마음이 탁하면 죄는 아니지만 불편하기에 정화해야 할 태도와 현실을 반영합니다. 마음은 창밖에서 움직이는 행동들이 잘 보이는 외관의 유리와 같습니다. 겉과 속이 같지 않은 마음의 정화를 힘쓰기 위해 매일 생각을 잘 씻고 불편한 마음을 흘러가도록 합니다.

내적인 정화를 위해 복음말씀을 경청함이 필요합니다. "정녕 너희 바리사이들은 잔과 접시의 겉은 깨끗이 하지만, 너희의 속은 탐욕과 사악으로 가득하다"(루카 11, 39). 그러면 모든 사건과 대상도 경청을 하면서 마음을 점검합니다. 외적인 것보다 내적 정화가 더 중요하며 그 순간 영혼이 맑아집니다. 내적인 정화는 생각이 옳은지, 그 생각을 조정하는 능력입니다. 그러므로 생각과 정신이 마음의 선을 자극하는지 성찰해야 합니다. 이처럼 마음은 사건과 대상에 대한 나의 반응, 경청의 반응을 보입니다. 그래서 하느님을 바라보는 기관은 인간의 마음 결국 맑은 영혼입니다.

인간의 지각 능력이 내면적으로 함께 잘 작용하고 있음을 의미한다고 보고, 육체와 영혼이 서로 잘 어우러진 상태를 일컬을 때에도 그 표현을 사용합니다.(참조 나자렛 예수 1권 153) 이는 마음이 영과 몸을 서로 잘 연결시켜 주는 '소통의 원리'로서 이해할 수 있습니다. 육체를 따라가면 육신생활이고 영을 따라가면 영성생활인데, 이는 마음먹기에 달려 있습니다.

평생 나무로 집을

300채를 지었던 어느 대목수가 폐암에 걸렸습니다. 남의 집만 평생을 지었는데 암에 걸려 버린 그는 자괴감에 빠졌습니다. 하지만 죽을 때 죽더라도 자기가 원하는 땅에 집을 지어보겠다고 마음을 먹고 그것을 실행하였습니다. 지금도 그는 건강합니다. 자신을 위해 마음을 다해 집을 지은 결과였습니다. 우리는 자신보다는 타인을 위해 마음을 씁니다만 정작 자신이 힘들고 아플 때 어떻게 해야 하는지 모릅니다. 그런데 자기 마음도 달래고 지키면 몸은 더 튼튼합니다.

마음 기도

에바그리우스에 따르면, 마음이 순수한 빛의 시선이 되기 위해서는 마음을 완전히 벗기고, 열정의 움직임, 상상력, 많은 이성개념을 제거해야 합니다. 마음 기도는 인간의 오감이 영혼의 문이고 죄로 얼룩진 우리 모상을 하느님의 모상에 닮도록 성령이 안내합니다. 그러므로 고요히 하느님의 모상을 바라보며 기도하면 마음은 넓어지며 그 모상 앞에서 하느님의 것과 인간의 것이 만납니다. 복잡한 생각과 많은 열정으로는 마음을 바라볼 수 없습니다.

의식 기도는 사람의 능력을 총동원 하지만, 마음 기도는 오히려 그 능력을 내려놓습니다. 이는 나를 아예 내버리는 것이 아니고 써야 할 때 쓰는 것입니다. 그래서 의식 기도와 마음 기도 가운데 어떤 것이 더 좋으냐가 아니라 자신에게 필요한 기도를 찾아서 하면 됩니다. 기도는 대화이고 침묵이며, 몸과 영혼(생각과 마음)이 하느님 안에 젖어드는 것입니다. 또한 기도는 하느님께서 세상 안에서 내 마음에 현존하시는 순간입니다. 이처럼 하느님께서 그 순간 내 안에서 기도하십니다. 이것이 관상 기도입니다.

　묵상 기도는 능동 기도와 수동 기도 중간에 있습니다. 마음 기도는 초기 동방 그리스도교회에서부터 이뤄졌는데, 현대의 향심 기도가 이와 비슷합니다. 예수 기도는 정신 기도와 마음 기도로 이어갑니다. 예수 기도는 "하느님의 아들, 주님 예수 그리스도님 저에게 자비를 베푸소서"라고 기도하면서 들숨하고 날숨하며 '주님', 다시 들숨하고 날숨하며 '자비'하고 기도할 수 있습니다. 그 순간 정신 기도는 자연스레 내면화되고, 정신과 어떤 상이 사라지며, 그리스도의 현존을 체험하는 기도가 됩니다. 호흡은 들숨, 날숨을 내뱉으면서 혀로 묵송(침묵기도)의 '주님', 그리고 들숨하고 날숨하면서 혀로 묵송하며 '자비' 합니다.

　마음 기도는 의식 기도를 향하는 하느님의 선물이 됩니다. 곧 마음이 편해지고 침묵과 고요함 속에서 하느님을 체험하고 영적 또는 육적 치유가 일어날 수 있습니다. 마음 기도는 초기 동방 그리스도 교회에서 시작했지만 처음 천년부터 가톨릭과 공유합니다. 이는 교회의 기도이며, 또한 한국인의 심성과 많은 부분에서 닮은 기도입니다. 마음 기도는 들숨, 날숨으로 호흡을 하여 마음을 흐르게 하는 숨 기도입니다.

나와 동행하시는 예수 기도

예수 기도는 마음 기도

영혼이 숨 쉬고 다시 움직이는 예수 기도를 배워봅니다. '예수 마음, 주님 자비', 분명 영혼에서 들려오는 사랑이 움직이는 기적이 일어납니다. 마음의 눈을 뜨고, 마음의 지관을 넓혀 봅니다. 분명히 마음의 지(집중)관(바라봄)으로 영혼 돌봄이 이루어집니다.

예수 기도의 지침

"기도하지 않고 대가를 바라거나 치르지 않도록 단 한 시간도 빠트리지 말고 지정된 시간에 기도하십시오." "그리고 항상 밤에 교회에 가기 전에 자신만의 기도를 올리십시오."[14]

세상 염려를 다 버리고 "어떻게 하면 주님을 기쁘게 해드릴 수 있을까?"(1코린 7, 32) 세상과 세상 염려로부터 떠나서 자신의 집에 머무르며 살다가, 기도, 하느님에 대한 묵상, 금식, 철야 기도 그리고 여러 가지 다른 수행을 할 때, 오직 어디든 눈에 잘 보이지 않는 그곳으로 가서 은둔합니다.

예수 기도의 수행

수행자의 삶은 수련 수행으로 시작되었습니다. 성 안토니오는 수행자들에게 순종하고 그들의 삶을 따라 배우며 이 수련 수행을 통과해 갔습니다. 수련 수행의 본질은 그리스도교적 덕이 무엇인지 마음속에 확실히 새기고, 또 경험 많은 수행자의 지도를 받으며 수행자 삶의 질서를 자기 것으로 만드는 것입니다.

성 안토니오는 이곳저곳에서 영적 꿀을 따서 그것을 영적 벌집인 자신의 마음속에 쌓아두면서 그것을 모아나갔습니다.

---

[14] 성 사바 수도원에서는 새벽 미사 가기 전에 종을 치면 독수 방마다 모두가 정해진 부복을 한다. 허리까지 하는 천오백 배(拜)의 예수 기도와 땅까지 하는 백오십 배(拜)의 예수 기도이다.

1. 한 수행자에게서 음식을 엄격하게 절제하고, 맨 땅위에서 잠을 자고, 연속적으로 철야 기도를 하는 습관을 배웠습니다.
2. 다른 수행자에게서는 피로를 모르고 기도하기, 주의 깊게 사고하기와 하느님에 대해 묵상하기 등을 배워 익혔습니다.
3. 또 다른 수행자에게서는 근면함과 규칙에 충실하기 그리고 인내의 모범을 배웠습니다.
4. 모든 수행자들에게서 주님이신 그리스도께 대한 굳건한 믿음과 모든 이를 향한 형제애를 배웠습니다.
5. 그리고 자신이 만난 영적 사부들을 통해서, 각 사람이 특별히 다른 이들보다 잘하는 수행이 무엇인지를 살핀 후, 그 모두를 자신 내부 속에 하나로 결합하려고 애썼습니다.

자신과 동행하시는 예수 기도의 자세와 태도

1. 삶의 태도, 생활자세와 관련됩니다.
2. 머리의 백회에서 아래 회음부가 일직선으로 바르게 유지합니다.
3. 엉덩이를 안쪽으로 깊이 빼고 회음부가 바닥에 닿게 합니다.
4. 어깨와 허리에 힘을 빼고 코와 턱과 배꼽이 하나로 바르게 일직선이 되도록 유지합니다.

이는 꽃을 피우기 위해 땅에 씨를 뿌리는 과정과 같습니다. 이 기도를 통해서 몸의 신비를 만납니다. 예수 기도의 자세와 수행을 통해 몸과 마음을 알아갑니다. 성찰과 식별과 참회의 선물을 위해 자비를 청하는 기도문을 구송하고 염경합니다. 참회하는 마음을 위해서 자기 호흡으로 편안히 '예수 마음', '주님 자비'라고 소리 기도를 합니다. 이는 예수님을 받아들이는 마음을 가지고, 마음을 보호하는 기도입니다. 이 기도를 하면 영혼에서 들리는 사랑의 소리와 함께 자비와 사랑의 에너지가 일어납니다. 이는 열매를 맺기 위해 땅에 뿌린 씨가 꽃이 피는 과정과 같습니다. 이 기도는 가톨릭 신자들이 많이 드리는 묵주 기도, 9일 기도의 자세로서 이미 익숙해 있습니다.

  예수 기도란, 하느님 은총의 선물을 입술 그리고 영혼으로 드리는 기도입니다. 곧 영혼의 정신과 마음을 고요 속으로 인도하고 침묵하면서 주님의 이름을 부르며 기도드립니다. 마음 기도는 마음과 하나 된 기도이고, 머리를 비우고 생각을 내려놓으며 마음으로 계속 반복하는 기도입니다.

  성 로욜라 이냐시오의 영신수련은 정신을 집중하고 그 집중으로 하느님의 뜻을 식별해 나가도록 필요한 지성의 작용을 수련합니다. 하지만 예수 기도와 마음 기도는 지성의 작용을 배제하는 것으로써 지성의 작용을 중단하고, 단순한 마음을 주님께 봉헌해 드립니다. 그리스도교 동방교회의 기도는 심리학적 경험들이 많이 들어 있어서 단계별로 해보는 것이 영혼에 유익합니다. 자기 마음의 골방에서 예수 기도를 짤막하게 드리며 수행합니다.

예수 기도의 방법에는 두 가지가 있는데, 호흡과 심장박동 소리에 맞추어 합니다. 심장박동 소리에 맞추어 하는 기도는 전문 안내자의 도움이 필요하고, 호흡으로 하는 기도는 각자 자기의 호흡과 함께 스스로 합니다. 그리스도교 초기 동방교회에서 체험되고 검증된 예수 기도는 한국 교회에서 마음 기도와 함께 영적 갈증을 해소하는데 매우 유용합니다.

예수 기도는 "하느님의 아들, 주님, 예수 그리스도님 저에게 자비를 베푸소서."라는 기도문을 반복합니다. 계속 반복하는 기도로 호흡과 리듬이 연결되고, 신체의 기술에 영향을 주는데, 이는 사람마다 호흡이 다르기 때문입니다. 자신의 호흡에 들숨과 날숨으로 맞추어 짤막한 기도를 합니다. 들숨은 코로, 날숨은 코 혹은 입으로 하면서 길게 들여 마시고 크게 내쉽니다. 각자 자신의 호흡의 양에 알맞게 마음의 골방 안에서 혼자 드리는 기도입니다. 그 순간, 맑은 마음의 청정함과 편안함을 마주합니다. 예수 기도는 턱을 가슴에 대고 눈은 배꼽에 집중하면서 편안히 앉아서 호흡에 맞춥니다. 그러면 마음이 하나로 모아지고 일치되는 순간을 느낄 수 있고, 처음에 호흡에 맞추어 3박자로 입으로만 기도합니다. 입으로 하던 기도가 혀로 자연스럽게 옮겨가고, 그 후 머리로 가듯이, 예수 기도를 통해서 구송 기도에서 마음 기도로 가고, 마음 기도에서 의식 기도를 하게 됩니다. 예수 기도를 드리면 마음의 연민, 즐거운 슬픔을 느낍니다.

수도생활과 신앙생활의 근본은 무엇입니까? '혼자' '함께' 사는 것입니다. 기도를 하면서 즐거운 슬픔을 느낀다는 것은 기도하면서 흐르는 눈물이 기쁨의 눈물이 되면서 마음도 청정해지기 때문입니다. 은수자 테오판은 열정을 가지고 그분을 부르라고 말하였습니다.

"주님, 예수 그리스도님, 하느님의 아드님. 이 죄인을 불쌍히 여기소서." 이 예수 기도문은 교회, 여행, 일, 가정에서도 언제든지 반복하는 기도로서 태양 아래 하나의 물체를 잡고 있는 것과 같습니다. 왜냐하면 우리 자신을 영적 태양이신 주님의 면전에 붙잡아 둘 수 있기 때문입니다.

이 기도를 통해서 생긴 온유하고 청정한 마음으로 하느님 앞에 서있는 자신의 생각으로 모든 것을 행하면 이는 하느님의 뜻이라고 말합니다. 하느님의 뜻은 성경에서도 계시로 확실하게 드러나지만, 마음 기도를 통해서 청정한 마음의 상태에서 솟아 나오는 생각을 삶으로 행하는 것입니다. 혀가 저절로 단어를 낭송하려고 서두르지 말고, 잠을 청할 때도 함께 하는 기도로 화살기도의 형태로 할 수 있습니다. 묵주를 손에 잡고 기도하는 것처럼 그리스도교 동방교회의 마음 기도는 예수 기도문을 반복하면 되고, 그 순간 나의 모든 기도가 하느님께 향해집니다. 의도적으로 간단하고 단순하며 짧은 예수 기도를 구성해 아래와 같은 기도문을 지속하면 분명 내 마음의 골방에서 하느님 체험을 할 것입니다.

마음 기도문

"예수 마음", "주님 자비"하며 자기호흡을 통해 소리 기도를 합니다.

예수 기도: 체온증가(면역력증가), 호흡, 몸, 아랫배 따뜻해짐, 자율신경, 부교감신경이 활성화됩니다.

마음 기도: 원기생성이 되고, 마음속에 모든 나쁜 생각을 모으고 가두어 내려놓습니다.

마음 기도하기

마음 기도는 수천 년 동안 내려온 그리스도교 수도자들이 기도하는 자세이고 호흡법입니다. 기도의 내용은 고요한 마음 안에서 성모송, 묵주 기도, 주님의 기도를 할 수 있습니다. 이런 태도와 방법을 배우지 못하고 양적인 기도에 집중하면, 기도하는 자세를 배우기 힘들며, 기도하는 양 보다는 마음의 집중을 하면서 마음 기도가 태도와 호흡에서 절로 나옵니다. 의미 없이 양으로만 기도를 하면 분심이 생깁니다. 분심은 기도할 때 생기는 마음과 걱정들인데 그 마음이 들어서는 순간 생각은 다른 곳에 있고 입으로만 말하게 됩니다. 하루 최소한 5분에서 30분 정도를 매일 기도하면 몸의 건강에도 좋고 집중력도 생기게 됩니다. 우리가 스스로 터득하고 수행하는 것이 중요한데, 세례 받은 다음 마음 기도로 후속교육을 받으면 영적인 도움을 받게 될 것입니다. 예비자 교리가 인지적 신앙 이해에 대한 수업이고 머리로 이해하는 교육이었다면, 마음 기도는 풍부한 감성을 통해 자아가 하느님을 만나는 대화입니다.

하느님이 내 안에서 하시는 관상 기도

누가 관상의 삶을 살까요?

그리스 교부들에 의하면, 관상은 그리스도교적 방식에서 세상을 바라보는 순수한 모양을 말합니다. 곧 모든 것 안에서 하느님을 바라보는 것을 관상이라고 말합니다. 이러한 관상을 하면서 우리가 지향해야 할 목표는 마치 아담과 하와가 죄 짓기 이전의 순수한 상태인 원복(原福)에로 되돌아가는 것입니다. 거기서 사람은 미래의 행복을 맛봅니다.

하느님을 과연 볼 수 있을까요?

관상은 바라보는 것인데, 여기에는 3가지 종류가 있습니다.

첫째 눈에 보이는 대로 바라보는 것입니다. 그러나 우리가 보는 것은 대상물의 표면입니다. 사람은 몸으로 보이고, 성경은 말씀의 문자 그리고 자연은 형태와 색깔로 보입니다.

둘째는 영혼의 눈인 정신과 지성을 통해 보는 것입니다. 이는 좀 더 심오하게 진행됩니다. 눈으로 보이는 시각을 달리해서 보면 지성으로 그것은 학문의 대상이 됩니다.

셋째 영의 눈으로 보는 영적 관상입니다. 맑은 마음으로 보는 것입니다. "행복하여라. 마음이 깨끗한 사람들! 그들은 하느님을 볼 것이다."(마태 5, 8) 관상은 영적 감각을 되찾게 해줍니다. 그러므로 관상하는 사람들은 하느님께서 창조하신 말씀과 하느님의 지혜의 흔적을 느낄 수 있어서 하느님을 찬미할 수 있습니다.

몸의 어떤 기관으로 관상할까요?

성경은 하느님과 하느님의 신비를 이성(영혼)이 닿을 수 없는 초월적인 것으로 말합니다. 이성으로 인식할 수 있는 하느님은 그분이 모든 원인 중에 으뜸이라는 사실뿐입니다. 그러나 아버지로서 하느님은 맑은 마음을 지니는 이만이 아니라 모든 이에게 계시됩니다.

마음은 어떻게 맑게 할까요?

그리스도인들은 복음의 원리를 실천하며 사는데, 두 가지 사랑의 계명입니다. 사랑을 실천(praxis)하며 살다 보면, 어느새 마음이 맑게 정화되어 관상의 경지로 들게 됩니다. 사랑의 실천이 그리스도인의 생활을 하느님 닮은 삶으로 승화시켜서 관상으로 인도하는 것입니다.

사랑실천과 관상은 무슨 관계일까요?

서양인들은 "인식을 통한 사랑", 초기 그리스도교와 동방그리스도교는 "사랑을 통한 인식"을 말합니다. 이 둘은 동전의 양면입니다.

관상 기도의 신학적 이해

관상 기도는 하느님께서 인간이 되신 예수 아기의 탄생에서 체험될 수 있습니다. 곧 하느님이 사람이 되신 육화(肉化)의 신비로 인해, 이제 사람이 하느님이 된다는 신화(神化 theosis, contemplation)의 신비 속에서 이루어지는 기도입니다. 관상 기도는 온전히 '하느님을 닮은 본래의 나 자신'이 되는 기도입니다. 하느님의 맑은 생각과 내 마음속 순수 믿음대로 되는 기도입니다. 이는 마음에 씨를 뿌리고 꽃을 피우며 결국 열매를 맺는 과정의 기도입니다. 이 기도는 생각을 내려놓고 마음의 눈으로 주님을 만나고 자신을 알아차리는 최고 기도의 단계입니다.

그리스도인들은 예수님의 마음처럼 온유할 때, 그래서 사람들이 지닌 마음의 파동들이 평화롭게 될 때, 그 순간 세상의 폭풍우와 혼돈 속에서도 분명 우리는 평화를 발견할 수 있을 것입니다. 그러면 새로운 눈으로 세상을 어떻게 바라볼 수 있을까요? 어떻게 높고, 깊고, 넓게, 눈을 뜨고, 새롭게 바라볼 수 있을까요? 그 방법은 깊은 사유의 노동에 있습니다. 강한 성찰의 힘에 있습니다. 의식의 깊은 자각에 있습니다. 그리고 넓은 자성에 있습니다. 삶에 박혀있는 뿌리부터의 회심에 있습니다. 그러면 눈이 크게 열려 대상을 알아차리고, 시야가 넓게 열려 생각이 깨어나고, 몸이 벌떡 일어나며, 행동하는 나를 발견할 것입니다.

"나를 이탈해서 나를 바라보는 능력"이 성찰이고, 나를 세밀하게 살피고 살펴서 관찰하는 것이 성찰입니다. 그것이 자발적이며 영적으로 관상 기도를 하는 자기 훈련입니다. 지속적으로 자기 훈련을 하면, 나를 벗어나서 나를 바라보는 시선이 즉시 마음에 도달합니다. 그 마음으로 살아가는 것이 수덕(修德) 생활입니다. 바로 그 순간 나의 시선은 하느님의 시선이 되고, 구원의 상태를 접촉하는 엑스타시(Extasi)라는 황홀경의 깊은 관상에 들어선다고 할 수 있습니다.

우리는 지금까지 우리로 사는 데는 열심한데, 나로 사는 데는 소홀하지는 않았는지요? 나로 살아가기를 열심히 하는 것이 주님께서 나에게 원하시는 삶인 듯싶습니다. 이는 자기가 내 삶의 주인으로 산다는 것을 말하는데, 나만의 고유한 사유와 활동성을 가지는 것을 의미합니다. 영성 생활은 하느님의 길과 뜻을 찾아서 예수 그리스도 안에서 성령을 통하여 살아가는 것입니다. 그러므로 나는 하느님을 믿고 성령께 이끌리는 기도생활을 합니다.

기도의 종류는 세 가지로 소리 기도, 묵상 기도, 관상 기도입니다. 여러분이 잘하시는 기도는 무엇입니까? 과거에는 관상 기도가 관상 수도원에서만 하는 것으로 여겼지만, 제2차 바티칸 공의회 이후 평신도들도 삶 속에서 합니다. 예를 들어 관상 기도는 낙원에 살았던 아담과 하와가 하느님과 함께 했던 기도라고 말할 수 있고, 그래서 기도의 목표는 관상 기도입니다.

묵상 기도

렉시오 디비나는 마음으로 말씀을 세밀하게 읽을 때, 그 뜻을 성령께서 알려주십니다. 마음 기도는 내가 하지 않는 기도이고, 소리 기도와 묵상 기도는 내가 하는 기도입니다. 마음 기도는 소리도 끊고, 생각도 끊음으로써 마음이 모아지는 기도이며 어떤 개념의 설명이 아니라 그리스도교 수도자들이 살아온 기도입니다. 마음 안에서 철저하게 침묵을 지키는 기도이며, 마음 기도를 통해서 의식 기도의 목표로 다가갑니다.

마음의 청정 상태에 이르도록 마음으로 드리는 기도가 필요한데, 이것이 바로 예수 기도입니다. 초기 그리스도교부터 그리스도교 동방교회는 지금까지 믿는 이들의 영혼을 맑고 깨끗하게 돌보도록 마음 기도를 철저히 수행하여 왔습니다. 모든 기도는 마음에서 우러나오는 기도가 되어야 합니다. 이를 위해 짤막한 기도 곧 예수 기도와 같은 만트라 종류의 기도를 반복하는 것이 초기 영성생활에서 매우 중요합니다.

마음과 성체 조배

마음과 침묵은 깊은 관계가 있는데 마음에 하느님과 성령이 함께 거처하시기 때문입니다. 마음의 집은 마음의 침묵을 통해서 견고해 집니다. 침묵과 고요 속에서 자신의 깊은 내면과 만나고 그 안에 이미 존재하고 계셨던 하느님을 대면하게 되는 그 순간 기도는 관상으로 이어집니다. 마음 기도의 조건은 침묵이고 열매는 고요함입니다.

성체 조배는 본당에서 할머니 교우님들이 잘하십니다. 몇 시간도 앉아 계십니다. 간혹 성체 앞에서 "무슨 생각을 하는지 모르겠어요." 하는 질문을 받는데, 그러면 "본래 생각 없이 성체 앞에 있는 게 성체 조배입니다."라고 대답해줍니다. 성체 조배 할 때는 영성서적을 읽을 수는 있습니다. 하지만 주님 앞에서 그분에 관한 책을 읽을 필요는 없습니다. 그저 그분을 바라보고 대화를 하는 것으로 충분합니다. 사랑하는 사람이 앞에 있으면 그에 대한 책을 읽기보다 그냥 대화를 하고 싶기 때문입니다. 침묵을 통해서 마음이 고요하고 건강해집니다. 성령은 소란스러운 곳보다 고요한 곳에서 만나게 됩니다. 침묵은 고독하지만 은혜로운 순간입니다. 고독과 외로움은 다릅니다. 마음의 외로움은 인간적이지만 마음의 고독은 하느님을 느끼도록 안내합니다. 시선 역시 고요 속에 머물면 눈의 침묵이 되어 하느님을 만납니다. 관상 기도는 침묵 안에서 하느님을 만나는 기도입니다.

영혼을 돌보는 의식 기도, 영신수련

생각을 바라보는 기도

의식 기도에서 의식은 영혼의 생각을 말합니다. 이는 영혼의 상태를 바라본다는 뜻이고 지금까지 계속 다룬 주제로서 로욜라의 성 이냐시오의 영신수련을 다루지만 꼭 그것에 한정하지 않고 초기 천년의 그리스도교 영성 역사 안에서 바라본 의식 성찰을 알아봅니다.

의식 기도 5단계
1. 감사
2. 은총의 청원(죄를 알고 떨쳐낼 수 있는 청원)
3. 성찰(생각) - 이냐시오 묵상(성찰과 식별)
4. 용서
5. 개선할 결심(주님의 기도로 마침)

의식 기도는 자신의 정신인 생각을 집중적으로 바라봅니다. 종종 사람의 태도를 보고 판단하지만, 말과 행동이 내면의 생각에서 영향을 받아 전달됩니다. 성모 마리아처럼 생각을 먼저 깊이 곰곰이 바라보면서 말을 하고, 행동하는 것이 교회전통의 성찰인 의식 기도입니다.

하루 중에 어느 때가 제일 감사하고 적게 감사하는가? 하루 중에 언제 사랑을 주고받았으며 언제 제일 적게 주고받았는가? 하루 중에 언제 가장 생동감 있게 느끼고 언제 생동감이 빠졌는가? 오늘 중 언제 가장 행복했고 언제 가장 슬펐는가? 오늘 중에 언제가 최고였고 언제 최악의 순간이었는가? 성찰은 내 생각을 의식적으로 바라보는 기도입니다. 의식 기도로 나의 생각을 정확하게 바라봅니다.

생각과 말과 행동 그리고 자주 의무를 소홀히 한 것의 네 가지 가운데, 가장 먼저 깊이 바라보는 생각은 바로 자주 의무나 말과 행동으로 가기 이전에 성찰합니다.

이냐시오 묵상(성찰과 식별) 7단계
1. 마음준비
2. 묵상1 - 요점묵상(다음날 미사의 복음말씀), 저녁
3. 묵상2 - 적합한 묵상, 아침

4. 청원 - 짧은 청원

5. 재능사용

6. 묵상3 - 결론묵상

7. 묵상4 - 결론묵상의 짧은 양심 성찰

영신수련

로욜라의 성 이냐시오는 관상을 너무 심각하게 생각하지 않는 기도로 소개합니다. 그는 눈을 뜨고 바라본 것을 고백하고, 바라보았던 것의 영적인 의미를 모으기 시작합니다. 이냐시오 성인의 첫 번째 관점은 하루 동안 하느님으로부터 받은 은혜들을 발견하고 바라보는 것에 대해 감사를 드리는 것입니다. 사랑을 얻기 위한 기도에서 인격적 성찰을 하는 것이 첫 번째 목적입니다. 이것은 사랑의 행위로서 기도하고, 인격 곧 영혼의 생각을 바라보는 것을 표현합니다.

성찰과 식별

성찰은 하느님께서 어떻게 나 자신을 위하여 일하고 계시는지를 생각하는 것입니다. 어떤 이는 판단이 중심이 되고, 어떤 이는 감정이 중심이 됩니다. 생각이 많은 사람은 그것을 내려놓는 마음 기도를 하고, 그렇지 않은 사람은 생각과 머리로 하는 의식 기도가 도움이 됩니다.

　영적 동반자였던 로욜라의 성 이냐시오는 삶의 중요한 결정을 하기 위해 예수님과 늘 함께 하느님 아버지와 더불어 대화 속으로 들어가도록 상상하는 것을 좋아했습니다. 무엇을 결정하기 위해 어떤 모양으로 잘 선택(식별)할 것인가를 느끼고 바라봅니다. 내가 보고 느낀 것을 표현하고 전달하면 영적 가치가 마음 안으로 들어옵니다. 친구들과 영화관람 후에 차를 마실 때 몇 시간을 보내며 영화에 대한 느낌을 표현하고 나누듯이 자신의 생각을 표현하고 감정이 담긴 마음의 표현에 집중해 봅시다.

대화와 식별

　대화 또는 대담을 통해서 상상합니다. 그러면 실천은 자연스럽게 이루어집니다. 영성 지도자는 영혼에서 일어나는 것들에 전념하였습니다. 로욜라의 이냐시오 성인은 예수님과 함께 하느님과 더불어 지속적인 대화를 했으며 일상에서 벌어지는 소소한 것을 바라보고, 표현하며, 선택(식별)하였습니다.

영성 동반자

영적 동반자는 상대방 내담자와 동반자인 자기 영혼에서 일어나는 것을 판단하지 않고 가만히 바라봅니다. 성경에서 하느님의 뜻이 나오지만, 내 양심에서 나오는 소리가 하느님의 소리입니다. 새 신학자 시메온의 기록에서 바라보기는 경청하기로 쉽게 바뀌지 않고, 내적 비추임으로 인도합니다.

의식 성찰 수행하기

한 가지의 묵상 주제로 매일 기도하는 것이 중요합니다. 한 가지 생각을 묵상하면서 거기에 머무르면서도 잘 연결되지 않아도 괜찮습니다. 대화의 장소는 기도 방, 나에게 익숙한 곳이면 됩니다. 성당에서는 늘 앉는 자리가 좋습니다. 자신의 재능사용은 기도를 위해 적용합니다. 내가 받은 재능을 충분히 발휘합니다. 두려워 말고 시도합니다.

의식 성찰을 해보면 매일 매일을 자신의 영혼인 생각과 감정을 느낄 수 있고, 이것이 쌓이면 나만의 기도 방법이 됩니다. 심리 상담은 인간의 아픔이나 상처 등 부정적인 측면을 찾아가면서 치유합니다. 영적 동반은 인간의 긍정적인 면을 찾고, 주님의 축복을 받아 치유됩니다.

영혼의 기도

생각을 위한 의식 기도, 감성을 위한 마음 기도가 있습니다. 그래서 생각과 마음의 영혼 기도는 영혼이 숨을 쉬는 호흡입니다. 머리와 생각으로 드리는 의식 기도, 심장과 감성으로 드리는 마음 기도는 지성과 감성으로 드리는 영혼의 호흡입니다. 창조주 하느님께서 인간에게 선물하신 머리의 뇌와 마음의 심장의 본디 기능이 기도하는 것입니다. 그런 의미에서 머리와 심장이 기도하는 나의 스승이 될 수 있습니다. "말씀을 반추하고 성찰하라!" 반추는 말씀을 먹어서 씹고 되새김한다는 뜻입니다.

성찰은 영혼을 들여다보고, 식별은 말씀으로 영혼을 비추어 본다

의식 기도는 일상에서 우리를 삶의 변화와 영성 생활로 인도합니다. 하느님의 말씀을 성찰하고 관조하는 데서 변화는 시작합니다. 의식 기도는 생활 기도이고, 자기에게 대하는 하느님의 자비수련입니다. 의식 기도인 성찰은 자신의 생각을 제대로 바라보도록 합니다.

성찰은 영혼의 생각과 마음을 들여다보는 것이고, 식별은 생각과 마음의 영혼을 말씀에 토대를 두고 자세히 비추어 보는 것이라고 말했는데 무엇보다 반드시 지켜야 할 것이 판단은 하지 말아야 합니다. 주님이 말씀하시는 '깨어있음'은 '성찰과 식별'을 통해서 눈을 뜨고 사랑실천으로 움직이는 초대입니다.

그런데 성찰은 믿음의 작용이고, 식별은 사랑의 작용입니다. 다시 말해서 믿음과 사랑은 대상이 있어야 한다는 것입니다. 먼저 믿음의 성찰이란? 나에게 다가오는 모든 것을 수락하면서 내 영혼에서 일어나는 반응을 들여다보는 것입니다. 사랑의 움직임으로서 식별은 주님말씀을 기준으로 만나는 내가 만나는 사건과 사람들에 대한 내 영혼의 반응을 들여다보는 것입니다. 공동체에서 봉사를 우선으로 잘하더라도 깨어있는 자는 식별과 성찰을 통해서 행복하고, 영적 성장과 영적 성숙을 더욱 이룰 수 있습니다.

철학은 정신을 움직이고 성경은 마음을 움직여서 이야기합니다. 인성 교육이 철학을 이야기하면, 종교는 마음공부로 인도합니다. 마음공부는 영혼 돌봄을 돕고, 몸과 영이 함께 만나는 장소인 마음에서 몸과 영을 접촉하는 역할을 합니다. 도스토예프스키에 따르면, 하느님과 악마가 싸우는 장소는 인간의 마음인데 우리가 아무리 힘들고 어려워 죄를 지어도 내 안의 프네우마(pneuma)인 영이 함께 하시기 때문에 나아지고 좋아질 가능성은 늘 존재합니다. 그런데 아무리 기도를 잘해도 육체성이 있기 때문에 우리는 넘어지곤 합니다. 그래서 프네우마인 영과 소마(soma)인 몸이 잘 만나야 합니다. 결국 맑고 향기로운 영혼이 그 화해의 역할을 합니다.

양심 성찰

"너희는 조심하고 깨어 지켜라!"(마르 13, 33)

양심 성찰과 고해성사는 나의 잘못을 단죄하고 죄책감에 빠지는 것이 아니라 하느님의 사랑과 용서를 체험하는 시간입니다. 하느님께서는 고해성사를 통해 사제에게 나의 고민(영신적인 마음의 어둠)을 고백함으로써, 죄(육적 영적인 고통과 억압)로부터 자유로워지고, 용서를 통해서 다시 행복하게 살아가기를 바라십니다.

예수님 말씀의 시작과 마침은 "뭔가 바꿔야 한다"입니다. 나는 지금 뭔가 바꿔야 합니다. 우리는 지금 진화하지 않으면 퇴보합니다. 이것은 새로움의 시작입니다. 우리는 양심이 아닌 결핍된 감정이 만드는 우리의 삶을 초월해야 합니다.

나를 해방시켜야 하는 고통들은 무엇입니까? 가만히 참 자신을 들여다봅니다. 그러면 이 세상의 거짓 평화가 아닌 내면의 평화를 발견합니다. 삶의 목적에서 깨어나는 내면의 목적과 대화하기를 시도합니다. 주님께서 여러분을 양심 성찰과 고해성사에 두 팔 벌려 초대하십니다.

1. 고해성사를 준비하는 방법과 절차

감사: 내가 받은 것에 대해 감사합니다.
성찰: 나의 육적이고 영신적인 어둠 혹 잘못은 무엇인가? 나에게 육적이고 영적인 고통과 억압은 무엇일까?(생각과 말과 행동에서) 세게 바라봅니다. 곧 죄를 알아차립니다.
통회: 알아낸 잘못을 부끄러워하며 뉘우칩니다.
정개: 다시 죄를 범하지 않겠다고 결심합니다.
고백: 알아낸 죄를 겸손하게 주님께(사제를 통해) 고백합니다.
보속: 신부님께서 일러주시는 보속을 실행합니다.

2. 양심 성찰

나는 하느님 안에서 만족스러운가 불만족스러운가? 만족스러운 것은 무엇이고 불만족스러운 것은 무엇인가? 불만족스러운 것이 어떻게 되기를 원하는가? 결국은 당신이 하느님 안에서 원하는 것이 무엇인지를 찾으며, 대림시기 때에 아기 예수님의 탄생과 사순시기 때에 예수님의 부활을 기쁘게 기다립니다.

[하느님과의 관계에서]
십계명, 주님의 기도에 따른 성찰

1. 한 분이신 하느님을 흠숭하여라. 권력이나 돈을 하느님보다 높은 자리에 두지 않았는가? 점, 사주, 타로 등을 보며 이에 의지한 적은 없는가? 성경, 영성서적을 정기적으로 읽고 복음 말씀에 따라 살려고 노력하는가?

2. 하느님의 이름을 함부로 부르지 마라. 하느님의 이름을 두고 거짓된 맹세나 지키지 못할 약속을 하지 않았는가? 세례 받고 신자가 된 것을 후회하거나 부끄럽게 여기지 않았는가? 신앙생활을 현세의 어떤 이익과 결부시키지 않았는가?

3. 주일을 거룩히 지내라. 주일미사에 가족이나 이웃들과 함께 참석하였는가? 주일과 교회의 축일에 미사와 전례에 참여하고 해마다 고해성사를 받았는가? 가족, 친지를 찾아보고 어려운 형제들을 돌보거나, 하느님의 말씀을 묵상하고 기도하는 시간을 가졌는가? 아침 저녁기도를 하며 그날 혹은 주일 복음을 읽었는가? 내가 영적으로 성장하는 데 어떤 노력을 하고 있는가? 삶에서 하느님의 뜻을 예수님의 가르침에서 구하는가? 아니면 내 욕심을 더 채우고 있는

가? 휴식을 핑계로 지나친 오락이나 취미 활동에 빠져있지 않았는가?

[사람과 이웃과의 관계에서]
십계명, 주님의 기도에 따른 성찰

4. 부모에게 효도하라. 자녀로서 부모님을 존경하고 정기적으로 찾아뵙고 있는가? 부모로서 자녀들을 존중하고 사랑하며 신앙을 가질 수 있도록 도와주었는가? 남편과 아내에게 서로 감사하며 존경하는 마음으로 살고 있는가?

5. 사람을 죽이지 마라. 가족이나 누군가의 마음을 아프게 하고 상처를 주지 않았는가? 가족이나 누군가의 육체 및 금전에 손해를 끼치거나 불편을 준 일은 없는가? 자신의 몸과 마음의 건강을 잘 돌보며 헤아리고 있는가? 고의로 유산을 시키거나 낙태에 협조한 적은 없는가?

6. 9. 간음하지 마라. 남의 아내를 탐내지 마라. 부부로서 신의를 지키고 일치를 위한 노력을 계속하고 있는가? 배우자가 아닌 이성을 만나고 있지는 않은가? 의식적으로 음란한 그림이나 영상을 보고 있지는 않는가?

7. 10. 도둑질을 하지 마라. 남의 재물을 탐내지 마라. 다른 사람의 물건이나 재산, 노력이나 시간을 탐내고 도둑질한 적이 있는가? 약속이나 계약을 지키지 않으면서 누군가를 속이는 행동을 하지 않

았는가? 고용한 직원들의 급료를 제대로 주었는가? 뇌물을 주거나 받지 않았는가?

8. 거짓 증언을 하지 마라. 거짓말을 하지 않았는가? 말로써 누군가의 자유와 권리, 명예나 생명에 피해를 주지 않았는가? 누군가를 칭찬을 하기보다 비난과 평가와 뒷담화를 즐거워하지 않았는가? 당신이 한 말에 대하여 책임을 지려고 노력을 했는가?

- 나의 이웃을 용서하고 자선을 베풀고 도와주었는가?
- 생각과 말고 행동에서 남을 함부로 판단하지는 않았는가?
- 내가 직접 경험하지 않은 것을 상상해서 이웃에게 말하지 않는가?
- 겉모습이 내 마음에 들지 않는다고 이웃을 함부로 평가하지 않았는가?
- 자주 분노하거나 습관적으로 급하게 서두르지 않았는가?
- 병든 부모나 가족에게 가끔 안부전화를 하거나 방문하였는가?
- 자녀들에게 자기의 결핍을 채우려는 욕심으로 양육하지는 않았는가?
- 동식물을 함부로 대하거나 자연생태, 주변 환경을 쓰레기로 더럽히지는 않았는가?

[나 자신에 대해서]

사랑의 새 계명, 행복선언의 진복팔단에 따른 성찰을 합니다.

- 음식이나 술, 담배 등을 과하게 하여 몸을 해롭게 하는가?

- 여가시간을 어떻게 보내는가? 너무 급하게 서두르거나 나태하고 게으르지 않는가?
- 대접받기를 너무 바라지 않는가?
- 영혼 돌봄을 하는가? 곧 마음과 생각과 행동을 잘 살피고 성숙하도록 노력하는가?

자기 자신을 자책하거나 자주 낙담하고 슬퍼하는가? 자주 그런 마음이 든다면 영적 상담 혹 영혼 돌봄을 위한 동반을 받도록 한다.

나는 친절하고 겸손하며 평화를 위해 노력하는가?

3. 양심 성찰 노트에 첨부합니다.

성찰한 내용을 매일 기록합니다.
주된 나의 악습과 마음의 흐름을 파악하는데 도움이 될 수 있습니다.

4. 고해성사 보는 순서

양심 성찰을 준비한 뒤 고해소에 들어갑니다.
1) 성부와 성자와 성령의 이름으로 아멘
2) 성사본지 (00달 또는 00년)입니다.(새 신자는 첫 고백입니다.)

알아낸 자신의 잘못, 성찰한 내용을 고백한다.

(고백 내용을 사제에게 다 말씀드리고 난 뒤)

3) 이 밖에 알아내지 못한 죄도 모두 용서해 주십시오.

(고백자는 신부님의 말씀에 귀 기울이고 보속을 받는다)

보속(補贖)이란? 기도를 통해 나의 잘못을 기워 갚는 속죄, 참회의 모습이다.

+ 사제의 사죄경: 나는 성부와 성자와 성령의 이름으로 당신의 죄를 용서합니다.(고백자는 소리를 내지 않고 성호경을 긋는다)

4) 아멘.

+ 안녕히 가십시오.

5) 감사합니다.(고해소를 나와서, 보속을 받은 기도를 바치며 하느님의 자비로우심에 감사드린다)

대림시기(사순, 부활, 연중)에 참으로 변화의 은총을 만나 탄생(부활)하시는 예수님을 준비합니다.

닫는 글

지금 이 순간의 자신을 만나세요

영혼의 돌봄과 휴식

1. 예수께서 30년의 사생활을 준비하고 3년의 공생활을 하셨듯이, 필자 역시 30년의 사제생활은 신학 연구와 대학에서 사제 양성자로 보냈습니다. 신학교를 떠나 교우들을 만난 지난 5년의 현장은 예수께서 "많은 군중을 보시고 가엾은 마음이 드셨다."(마르 6,34)는 '연민'을 경험하였습니다. 이 기간 동안 세상 사람의 기쁨과 생로병사와 고통을 강렬하게 체험했습니다. 이 감정을 나는 자비와 연민이라고 말합니다. 하느님과 비슷하게 되는 마음입니다. 타인의 아픔을 나의 것으로 느끼는 자비입니다. 이것이 바로 하느님을 닮은 인간의 첫째이자 마지막 마음입니다.

"목자는 양의 소리를 듣는 자입니다. 하느님께 귀 기울이고, 상처받은 영혼에 귀 기울이는 자입니다… 사목은 입이 아니라 귀와 마음으로 하는 것입니다… 듣기 위해서는 귀를 열고 입을 닫아야 합니다. 입에서 나오는 말은 속에서 나오는 것이어야 합니다. 지도자는 입이 아니라 마음으로 말해야 합니다."(이제민, 포스트 코로나 시대의 우리, 바오로딸 2020. 222-223)

그래서 필자는 영혼을 단단하게 만들고 돌보는 책을 집필하였습니다. 그리스도교 이천년의 교회에서 농익은 영혼 돌봄의 고전을 발견하였습니다. 종교 지도자는 마음으로 말해야 한다는 통찰에서 영혼을 들여다보고자 하였습니다. 사막의 교부들을 시작으로 초기 일천 년의 그리스도교 동방영성에서 영혼 돌봄의 방법을 건졌습니다. 그리고 두 번째 천년의 로욜라의 이냐시오 성인의 영혼 돌봄 곧 영신수련을 또 만났습니다. 이제 생각과 마음의 여행, 영혼의 순례를 떠나고자 합니다.

2. 고독과 외로움은 다릅니다. 고독은 고요를, 외로움은 격리된 감정을 느낍니다. 그래서 구도자들은 외로움보다 고요함을 찾는 고독의 삶에 가깝습니다. 고독은 외로움도 분리도 아닙니다. 더구나 고립과도 다릅니다. 이유는 간단합니다. 고독은 잠시 군중을 떠나 머물고, 다른 이들을 가깝게 만나기 위한 오히려 '영적인 쉼'이라고 말합니다.

왜 우리는 고독하고 한적한 곳을 찾을까요? 자신과 타인과의 '깊은 대화'를 하기 위해서 그렇습니다. 어쩌면 코로나 판데믹이 나에게 고독과 한적한 순간을 만들어 준 것을 지금 느낍니다. 혼란스럽고 시끄러운 곳에서는 대화할 수 없습니다. 마치 사랑하는 두 사람의 대화 같다고 할까요. 수도자의 어원 monachos(eremita)에 '수행하다'는 의미가 있는데, 그 뜻이 고독을 담는다는 것입니다. 이는 '복된 고독', 오직 '복됨'을 말합니다. 카르투시안 수도원의 문지방 위에 이렇게 적혀 있습니다.

"고독의 행복을 느끼는 자만이 참 행복한 자다." "너희는 따로 외딴 곳으로 가서."(마르 6, 31)

"좀 쉬어라."(마르 6, 31)는 말씀에서 쉰다는 것은 고독과 외로움이 아닌 다른 자를 가깝게 만나기 위한 것입니다. 쉰다는 것은 긴장 그리고 많은 생각에서 벗어나는 일입니다. 특히 과다한 일, 많은 생각과 몸의 긴장에서 빠져나와야 합니다. 그렇지 않고 참을 인(忍)자 세 번 하면 삶이 지쳐버립니다. 하지만 지금은 많은 이가 참으로 쉴 수 없는 삶의 구조 안에서 살아갑니다. 쉴 틈 없이 하루가 돌아가고 모든 것으로부터 자유롭게 나를 쉬게 할 수 없는 현실입니다.

그렇기에 피곤함으로 인해 자신뿐 아니라 다른 사람을 돌볼 여유마저 없어집니다.

이제 이 책의 부록으로 남기는 에필로그 두 가지를 제시하면서 영혼 돌봄의 글을 마무리 하고자 합니다. 첫째 그리스도교 인간관을 살피고, 둘째 그리스도교 영성가에게 영혼을 돌보는 길을 묻고자 합니다. 이 두 가지 주제들이 영혼 돌봄에 관한 이 책을 이해하고 나를 보호하고 지키는 데 도움이 될 것입니다.

3. 다시 영혼 돌봄이란? 나를 나답게 선택하고, 지켜나가는 것으로서, 나의 약함과 결핍 때문에 그렇지 못할 때는 고해성사를 통해서 본래 나다운 삶으로 돌아가는 영적 여정의 안내서입니다.

그 방법으로 우선 하느님의 모상으로 창조되어 영을 품고 있는 몸, 혼, 영으로 이루어진 자신 곧 인간을 이해하고, 더 나아가 자연도 인간의 상태와 같은 하나임을 알아차립니다.
이를 위해 성찰을 통한 생각 멈추기, 마음 흐르기 그리고 말씀을 기준으로 자신을 바라보는 묵상으로서 식별을 합니다. 이런 영적 여정에서 나는 사람들과 영혼으로 대화하고 성장합니다. 이런 작업은 반드시 영적 동반자와 함께해야 하는데, 이는 하느님 영과의 대화인 기도로 성숙하기 훈련을 하도록 안내합니다.

그 순간 나는 죄에서 벗어나 진정한 행복과 자유의 은총을 누리는 본래의 내가 되고 하느님과 육화되신 예수님과의 삼위일체 관계 곧 혼인의 신비에 참여하며 이를 통한 일치에 있음을 선물 받게 되는 여정을 걸어가게 됩니다. 그러면 현대의 인간중심에서 자연 중심의 세계로 넘어가는 코로나 판데믹 같은 시대에도 외롭지 않고 영혼 돌봄을 통해 고독한 가운데서 하느님을 만나고 성숙할 수 있습니다.

4. 영혼 돌봄, 고해성사를 넘어서 영적 동반(spiritual direction/supervision)으로

이 글은 우선 미시적으로 고해성사를 준비하는 데 있습니다. 곧 5가지 고해성사의 매뉴얼입니다. 첫째, 성찰은 자신을 들여다봅니다. 둘째, 통회는 기준을 가지고 깊고 넓게 자신을 들여다봅니다. 기준이란 구약의 십계명, 신약의 행복선언과 사랑의 새 계명입니다. 셋째, 정개(定改) 곧 성찰과 통회를 한 후 들여다본 자신의 죄를 반복하지 않겠다는 결심입니다. 넷째, 고백입니다. 고해소에 들어가 성찰과 통회 그리고 결심한 것을 사제에게 고합니다. 다섯째, 사제의 짧은 훈화(monitio)와 고해자에게 내리는 보속입니다. 여섯째, 고해를 모두 마친 후 고해자는 사제로부터 사죄경을 받습니다. 일곱 번째, 고해자는 고해소를 나와서 보속을 기도합니다. 여덟 째, 고해성사의 은혜인 주님으로부터 용서를 받습니다.

이처럼 고해성사는 주님 사랑을 만나는 여정으로서 영적 동반을 향합니다. 고해소 혹은 고요한 공간에서 성령의 인도로 영적인 여정을 이어갑니다. 이 글은 온전히 영혼이 살아나는 영혼 돌봄에 관한

여정입니다. 이 길을 따라가며 당신은 행복하게 영혼을 돌볼 수 있습니다.

5. 들여다봄

영성을 사는 신비의 교회가 스스로 존재한다는 K. 라너의 통찰은 고립과 외로움의 코로나 판데믹 때, 절명의 선언으로 다가옵니다. 그래서 믿음의 사람에게 '깨어나라'와 '일어나라'하신 예수님의 영성이 필요합니다.[15] 이는 지금 여기 이 순간을 살아가라는 촉구입니다.

페스트가 신중심의 중세를 근세의 인간중심에로 넘겼다면, 그것을 다시 지구자연중심으로 넘긴 전환점이 코로나 판데믹이라고 생각합니다. 사람의 몸과 영이 잘 소통하게 하는 영혼 돌봄이 잘 이루어진다면 분명 지금 아픈 지구공동의 집이 본래대로 회복될 것입니다.

'영혼 돌봄'은 성령에 인도되어 영혼속 생각을 거르고 다듬어 선택하여, 영혼속 감정을 흐르게 하여 마음을 다스리는 작업입니다. 이를 통해 자신을 알아차리는 참회를 만납니다. 영혼을 이해하는 작업, 곧 영혼을 들여다보고, 깊게 만나고 읽는 영혼 돌봄은 결국 그리스도교의 성찰과 식별 그리고 참회입니다.

---

15 '깨어 있어라.'(마르 13, 32; 마태 25, 13; 루카 12,35) '깨어 기도하여라.'(마르 14, 38; 마태 26, 41; 루카 21, 36) '일어나라.'(마르 5, 41; 마태 17, 7; 루카 7, 14)

코로나 판데믹으로 인내심이 필요한 이 순간, 무엇을 어떻게 할까 스스로 질문합니다. 고독한 인생도 하느님과 함께 살면 외롭지 않습니다. 하느님과 더불어 떠나는 자는 혼자가 아니기 때문입니다.

6. 감정은 옳다, 생각을 탐색하고, 마음이 흐르게

나의 영혼이 정말 궁금합니다! 아름다운 영혼을 만나보고 싶습니다. 지금까지 걸어온 영혼 돌봄의 구체적인 여정을 통해 영혼 곧 생각을 바라보고 마음을 들여다보면 됩니다. "감정은 자신에게 늘 옳지만 거기에 빠지지 않고 그 메시지를 만나기 위해 생각은 거르고 마음은 흐르게" 지금 당신의 영혼을 다독여봅니다. 이 책은 2천년 동안 내려온 그리스도교 고전의 '영혼 돌봄'을 현대에 맞춘 영혼 심리학입니다. 곧 고전의 시선으로 현재를 들여다보는 영혼 돌봄은 내 자아를 단단하게 만듭니다. 또한 내 자아를 사랑하게 합니다. 영혼 돌봄은 지금 이 순간의 참 자아를 만나게 합니다. 그래서 세상과 이웃을 참으로 사랑할 수 있습니다.

나의 영혼이 정말 궁금합니다! 아름다운 영혼을 만나보고 싶습니다. 지금까지 영혼 돌봄의 방법으로 생각을 바라보고 마음을 들여다보기를 초대합니다. '생각은 거르고 마음은 흐르게' 지금 당신의 영혼을 다독여봅니다.

1. 사랑에 대하여

고백자 막시무스[Philokalia 필로칼리아 자애록]

금욕 생활에 관한 담화와 사랑(자선)에 관한 엘피디오 사제를 성하게 보내드립니다.

영혼에 유용해 보일 수도 있지만 호기심 없이 하느님에 대한 두려움과 사랑을 가지고 읽는 사람들에게는 하느님의 은혜로 완전히 그렇게 나타날 것입니다.

1. 사랑은 영혼의 선한 성향이며, 그 덕분에 하느님을 아는 것보다 존재하는 어떤 것도 더 선호하지 않습니다. 그러나 세상의 어떤 것에 대한 열정을 갖고있는 사람이 이 자선의 습관을 얻는 것은 불가능합니다.

2. 사랑(자선)은 불가능에 의해 생성됩니다. 결국, 하느님에 대한

희망은 태연함을 낳습니다. 인내와 오래 참음에서 나오는 희망은 모든 것에 대한 자제에 의해 생성됩니다. 이 자제는 하느님에 대한 두려움과 하느님에 대한 믿음으로 인한 두려움에서 비롯됩니다.

3. 주님을 믿는 사람은 형벌을 두려워합니다. 형벌을 두려워하는 사람은 정욕을 자제합니다. 욕정을 억제하는 사람은 고난을 참습니다. 고난을 참는 자는 하느님께 소망을 드리니 이성이 세상의 모든 정욕에서 떠나게 하느니라. 이렇게 분리된 지성은 하느님을 향한 사랑을 갖게 될 것입니다.

4. 하느님을 사랑하는 사람은 하느님이 만드신 모든 것보다 하느님을 아는 것을 더 좋아하며, 그것을 향한 그의 열망 때문에 끊임없이 그것에 열중하고 있습니다.

5. 만물이 하느님으로 말미암아 하느님을 위하여 지은 바 되었으니 하느님은 그가 지으신 모든 것보다 크십니다. 하느님을 버리고 낮은 것을 섬기는 자는 자기가 하느님께 드린 것을 더 좋아하는 자입니다.

6. 하느님의 사랑에 자신의 지성을 고정시킨 사람은 눈에 보이는 어떤 것도 심지어 자신의 육체조차 그에게 이질적인 것처럼 생각하지 않습니다.

7. 영혼이 육체보다 낫고 영혼을 창조하신 하느님이 세상보다 비교할 수 없을 만큼 낫다면 영혼보다 육체를 더 좋아하는 하느님보다 창조하신 세상을 더 좋아하는 사람은 우상숭배자들과 조금도 다르지 않습니다.

8. 지성을 하느님의 사랑과 관심에서 분리시키는 자는, 곧 감각적인 것들과 연결된 지성을 가진 사람은 영혼보다 육체를 더 좋아하고 창조주 하느님보다 그가 만든 것들을 더 좋아합니다.

9. 지성의 삶이 지식의 빛이고 이 빛이 하느님에 대한 사랑에서 나온다면, 하느님의 사랑보다 더 나은 것은 없다고 훌륭하게 말한 바 있습니다.

10. 지성이 하느님을 향한 사랑으로 인해 저절로 빠져나가면 더 이상 존재하는 사물을 인식할 수 없습니다. 사실 무한한 하느님의 빛에 의해 빛을 받으면 그것은 마치 해가 떠오를 때, 별을 바라보는 눈처럼 자신이 만드는 모든 것에 둔감해집니다.

11. 모든 미덕은 신성한 에로스를 달성하기 위해 지성과 협력하지만 무엇보다도 순수한 기도입니다. 사실 이를 통해 신을 향해 날아가는 지성은 기존의 모든 현실에서 벗어나게 됩니다.

12. 사랑의 결과로 지성이 신적인 지식에 도취되어 기존의 현실에서 벗어나 하느님의 무한함을 깨닫습니다. 그러면 신성한 이사야가 말했듯이 지성은 당황하여 자신의 사악함을 깨닫게 됩니다. 그리고 내 마음 깊은 곳에서 선지자의 말씀을 전합니다. 나는 불행합니다! 나는 마음이 꿰뚫려 사람이 되었으니, 입술이 부정하니, 입술이 부정한 백성 중에 거하면서 만민의 주이신 왕을 내 눈으로 보았습니다.

13. 하느님을 사랑하는 사람은 아직 정화되지 않은 사람들의 정욕을 보고 분개하더라도 모든 사람을 자기 자신처럼 사랑하지 않을 수 없습니다. 바로 이러한 까닭에 그 정욕이 시정될 때 그는 무한하고 형언할 수 없는 기쁨을 누리게 됩니다.

14. 생각, 정욕, 증오로 가득 찬 영혼은 불순합니다.

15. 어떤 잘못으로 인해, 어떤 사람을 향한 미움의 흔적을 마음속에 보는 사람은 하느님을 향한 사랑과 전혀 거리가 먼 것입니다.

16. 주님은 나를 사랑하는 사람이 나의 계명을 지킬 것이라고 말씀하셨습니다. 그리고 내 계명은 너희가 서로 사랑하라하는 이것이라고 말씀하십니다.

2세기 자애록

1. 진심으로 하느님을 사랑하는 사람은 무엇인가로부터 방해받지 않고 기도합니다. 그리고 마음을 빼앗기지 않고 기도하는 사람은 진심으로 하느님을 사랑합니다. 하지만 자신의 지성을 세상적인 것에 고정시킨 사람은 마음을 빼앗기지도 않지만 기도하지 않습니다.

2. 어떤 감각적인 것에 머물고 있는 지성은 확실히 그것에 열정을 지니고 있습니다. 예를 들어 탐욕, 슬픔, 분노, 화 등이 있습니다. 만약 그가 그것을 경멸하지 않는다면 그 열정에서 벗어날 수 없습니다.

3. 정욕은 지성을 사로잡아 그것을 물질적인 것에 얽매이게 하고, 일단 그것이 하느님에게서 분리되면 그것들을 차지하게 만듭니다. 그러나 하느님의 사랑은 일단 지성을 붙잡으면 그것을 속박에서 풀어주고, 감각적인 뿐만 아니라 우리 자신의 현세적인 삶도 경멸하게 만듭니다.

4. 계명의 역할은 사물의 개념을 단순하게 만드는 것입니다. 독서와 묵상, 물질과 형상으로부터 지성을 자유롭게 하여 산만함 없이 기도하는 것입니다.

5. 실천적 길은 다양한 영적 묵상이 뒤따르지 않는다면 지성이 정념에서 완전히 벗어나 산만함 없이 기도할 수 있기에는 충분하지 않습니다. 실제로 실천은 지성을 자제하지 못함과 증오로부터 해방시키는 반면, 영적인 묵상은 망각과 무지에서도 지성을 해방시킵니다. 그리하여 지성은 마땅히 기도할 수 있을 것입니다.

6. 순수한 기도에는 두 가지 최고의 상태가 있습니다. 하나는 실천에 헌신하는 사람들에게 속하고, 다른 하나는 관상가들에게 속합니다. 첫 번째는 하느님에 대한 두려움과 좋은 희망에서 영혼에 일어납니다. 다른 하나는 신성한 에로스와 최대의 정화에서 나온 것입니다. 첫 번째 징후 첫 번째 단계는 세상에서 오는 모든 개념으로부터 지성을 모으고 마치 하느님께서 친히 현존하시는 것처럼, 실제로 산만함이나 방해 없이 기도하는 것입니다. 두 번째 징후는 기도의 자극 속에서 지성이 무한한 신성한 빛에 도취되어 사랑을 통해 그러한 광채가 역사하는 분을 제외하고는 더이상 그 자신이나 다른 존재에 대해 어떤 인식도 갖지 못할 때, 그래서 하느님에 관한 이유도 다루고 있습니다. 그리고 그는 그에 대한 명확한 이미지를 받습니다.

7. 우리는 우리가 사랑하는 것에 전적으로 집착하며, 우리가 사랑하는 대상을 빼앗기지 않기 위해 그것을 방해하는 것을 경멸합니다. 그러므로 하느님을 사랑하는 사람은 즉시 순수한 기도에 전념

하고, 이를 방해하는 모든 열정을 거부합니다.

8. 자기애인 정욕의 어머니를 거부하는 사람은 하느님의 도우심으로 분노, 슬픔, 원망 등 다른 것들도 쉽게 거부합니다. 반면에 첫 번째 열정의 지배를 받는 사람은 원하지 않더라고 다른 열정에 의해 상처를 받습니다. 그리고 자기애는 육체에 대한 열정입니다.

9. 사람들은 다음과 같은 다섯 가지 이유 때문에 서로 사랑하는데, 일부는 칭찬할 만하고 다른 일부는 비난받을 만합니다. 즉, 하느님께서는 모든 사람을 사랑하는 유덕한 사람으로서, 아직 유덕하지 않지만 유덕한 사람을 사랑하시는 사람으로서, 또는 본질적으로 부모가 자녀를 사랑하는 것같이 헛된 영광으로 인해서입니다. 혹은 돈을 사랑함 같이 부자를 사랑하니 또는 성적 쾌락을 섬기는 자들처럼 쾌락을 사랑합니다. 첫 번째 이유는 칭찬할 만합니다. 두 번째는 무관심하지만 열정적입니다.

10. 당신이 어떤 사람을 미워하고, 다른 사람에 대해 사랑도 미움도 없고, 다른 사람을 마음대로 사랑하고, 다른 사람을 열렬히 사랑한다면, 당신은 모든 사람들 동등하게 사랑한다고 가정하는 완전한 사랑과 거리가 멀다는 것인데, 이러한 불평등으로부터 온다는 것을 인식해야 합니다.

11. 악에서 떠나 선을 행하십시오. 여러분의 정욕을 억제하고 근신하십시오, 그리하여 그것이 더해지지 않도록 하십시오. 그리고 또한 미덕을 얻기 위해 싸우고, 그 다음에는 그것을 보존하기 위해 냉정해져야 합니다.

12. 악은 하느님의 허락을 받아 우리를 시험하고 영혼의 화내기 쉬운 부분을 불태우며 화내기 쉬운 부분을 어지럽히고 그것들은 이성을 모호하게 하고, 몸을 고통으로 채우고, 몸의 좋은 점을 빼앗아 갑니다.

대 안토니오 성인의 가르침

74. 자신의 입술과 혀를 보존할 수 없는 자는 말을 적게 하도록 애써 노력하십시오(욥기 11, 3). 자신을 돌아보고 자신의 혀를 통제하여 죄를 짓지 않도록 많은 말을 하지 마십시오. 손가락으로 당신의 입을 막고 당신의 혀에 재갈을 물리십시오. 왜냐하면 말이 많은 사람은 자신 안에 성령께 내어줄 자리를 남기 지 않기 때문입니다. 만일 아직 초심자인 어떤 사람이 당신과 얘기하면서 영혼을 위해 무엇이 유익한지 묻는다면 그에게 이렇게 대답하십시오. "만일 유익하지 않은 것이 있다면, 그것에 대해서는 듣지 못하는 귀머거리, 말하지 못하는 벙어리가 되도록 하십시오."

75. 나쁜 말은 독약보다 해로우므로 그 누구에 대해서도 나쁜 말을 하지 않도 록 자신의 입술에 든든한 파수꾼을 세우도록 합시다. 모든 상처는 치유되지만 말로 인해 받은 상처에는 치료약이 없습니다. 사탄에 의해 내뱉게 된 비방자의 부주의한 말은 뱀의 혀보다 더 독성이 강합니다. 왜냐하면 그 말은 형제들 가운데 다툼과 쓰라린 반목을 일으키고 평화로운 이들 가운데 분란과 사악함을 심고 많은 사람의 모임을 흩어지게 만들기 때문입니다. 그러므로 다른 사람 비방하기를 피하고 침묵하십시오. 침묵하기를 좋아하는 자의 자리는 하느님과 천사들 옆 높은 곳에 있습니다. 주님께서는 여러분 스스로 자신의 입술을 지킬 때 여러분의 길을 보호하신다고 말씀하셨습니다(잠언 13, 3).

2. 영혼의 메시지 읽기

나는 몸이고 영혼이며 영이다.

생각을 거르고 마음을 들여다보라! 생각을 알아 다듬고 선택하며, 마음은 흐르게 해 다스리며 가꾸고 결정해 보세요!

"상처받은 나와 미워했던 내가 용서하는 시간, 영혼의 나를 찾는 수업인 영혼 돌봄, 영혼을 영에 맡겨, 생각 다듬고 마음 흐르게 눈을 뜨라! 영에 내맡기면 충분합니다. 깨어나세요! 알아차리세요! 일어나세요! 영혼이 화해하는 시간, 영혼의 메시지, 생각 다듬고 마음 다스리면 됩니다."

영혼이 따뜻해지는 시간, 성찰과 식별의 영성수업, 외로움과 고립에서 일어나 자신을 돌보는 영혼을 읽어보면, 에고(자아)는 기분이 상하는 것을 좋아하는 경향이 있습니다. 그래서 심판중지, 열정거리 두기, 생각의 무(無)로 영혼돌봄이 필요한데 이걸로 충분합니다.

천국의 열매

복음이 전하는 메시지는 사랑(caritas)입니다. 사랑은 예수께서 다시 오시는 재림 때 심판의 기준이 됩니다. "너희가 내 형제들인 이 가장 작은 이들 가운데 한 사람에게 해 준 것이 바로 나에게 해 준 것이다(마태 25, 40)."

복음에서 사랑은 어떻게 만날 수 있을까요? 이 사랑이 포도원에서 밭 임자가 요청하는 천국의 열매, 곧 포도 소출입니다. 그러면 누구를 위한 사랑의 소출인가요? 가난하고 약하며, 경제적, 심리적, 정신적으로 영혼의 위기에 처해 있는 자를 위한 사랑입니다. 주님께서는 그들을 어떻게 돌보았는지 종말 때 나에게 질문하십니다.

사랑은 사랑으로 열매를 맺을 수밖에 없습니다. 다시 말해 인간은 하느님의 사랑에 영감을 받아야 천국의 열매를 맺을 수 있습니다. 하지만 천국의 포도원 열매를 맺으려면 참으로 땀나는 노동이 필요합니다. 여기에 유혹이 있습니다. 천국의 열매를 많이 얻으려는 욕심이 그만 화를 부를 수 있기 때문에(마태 21, 35-39 참조) 그리스도교의 가치인 복음을 살기 위해 모든 그리스도인은 "식별"을 해야 합니다.

식별은 합리적이고 이성적이며 분석적인 작업이며 하느님 백성,

특히 한 마리 잃은 양을 찾기 위한 작업입니다. 그래서 식별이라는 이성적 작업은 동반이라는 정서적 작업을 통해야 합니다. 동반은 영성 상담자와 내담자가 함께 하느님의 뜻을 찾아가고, 자신을 이해하는 길의 감성 찾기 여정이 됩니다. 식별로 시작하는 동반은 분명 목적과 목표가 있는데, 그것은 바로 돌봄입니다.

예수님께서는 하느님 백성, 특히 길 잃은 양들을 위해서 오셨습니다. 주님은 그들을 돌보기 위해 식별의 말씀, 곧 복음을 가르치셨고, 그들과의 정서적 동반을 통해서 그들을 치유하셨습니다. 이런 식별과 동반은 그 사람을 온전하게 돌보기 위한 그리스도의 작업입니다. 식별과 동반 그리고 돌봄의 여정을 통해서 필자는 예수님의 잃은 양을 위한 길을 만나고자 합니다. 그래서 식별을 시작으로 동반을 통해서 가장 온전한 돌봄인 구원을 위한 여정을 함께 떠나봅니다.

식별학 개론

식별학 개론을 시작으로 영적 싸움에 이르는 전 과정을 함께 나누고자 합니다.

1. 영성 식별을 시작하려면, 자유와 책임, 둘이 한 몸, 나와 이웃,

적과 원수에 관해 다른 점들과 변하지 않는 핵심가치를 구별하여 알아차려야 한다. 곧 식별훈련은 이웃, 적, 악은 누구인가에 대해 깊은 성찰을 하는 것이다.

2. 식별은 영성 생활을 위한 훈련이며 영성 생활은 성령에 이끌리는 삶이다. 이 삶에서 영적 동반자나 영적 지도자는 영적 부성(父性), 즉 온화하고 온유함을 품고 대하는 온화한 아버지가 되어야 한다. 그러나 사실 진정한 영성 지도 및 영성 상담은 성령의 이끄심이다. 물론 영성 지도자는 아버지로서의 부성을 갖고 있는데, 그것은 참 어른이신 하느님 아버지와 함께 하는 것 자체에서 힐링이 이루어지기 때문에 가능한 것이다. 한편 우리는 영적 식별 수련과 인식 과정의 학습 경험을 가지고 있지 않으면서도 그 길을 간다고 하는 자들을 조심해야 한다. 왜냐하면 이것이 영적 허영인데, 그들은 영적 인도를 할 수 없다.

3. 식별은 마음과 영혼을 바라보는 기도이다. 영적 식별의 중요성은 하느님 말씀을 이해하는 인간 내면을 관찰하는 데 있다. 영적 식별은 일상에서 하느님이 어떻게 일하시는지 아는 영적 통찰이자 경험지식이다. 이를 위해 먼저 자기 자신을 알아차리는 수련을 한다. 바로 자기인식이다. 또 말씀을 바라보는 관상 기도는 내 영혼(정신과 마음)을 기르는 학교이다. 자신의 생각을 바라보는 것, 하느님의 판단과 섭리를 바라보는 것. 성경 말씀을 바라보는 관상 기도, 이 모든

것들이 나를 인식하고 하느님을 만나는 여정이다.

4. 자신을 만나고 알아차리기 위해 의식 성찰을 한다. 이것이 일반성찰이고 양심 성찰이다. 의식 성찰기도는 다음과 같이 매일 저녁기도와 아침기도 때 한다. ① 받은 은혜에 감사한다. ② 죄를 알고 떨치는 은총을 구한다. ③ 그 후 특별성찰을 한다. 말, 행동, 영혼, 삶의 목적을 셈한다. ④ 잘못한 것을 부끄러워하고 후회하며 용서 구한다. ⑤ 잘못을 교정하고 개선할 결심을 한다. ⑥ 주님의 기도를 드린다.

5. 영의 식별은 자신의 생각, 영혼 바라보기이다. 성 바실리오에 따르면, "성경 말씀은 영혼들의 학교인데, 그 학교에서 마음과 영혼이 성장한다." 에바그리오는 말한다. "밖에서 들어오는 시선과 생각이 내 안의 표상이 된다." 예수회를 창설한 로욜라의 이냐시오 성인은 견고한 선택이란 "자신을 느끼고 잘 바라보기"라고 말하였다. 새 신학자 성 시메온은 "바라보기란 영의 내적 비추임으로 충분한 것"이라고 말한다.

6. 영적 식별력은 궁극적으로 악을 이기는 힘이다. 그래서 우리는 자신의 영혼(감각, 생각, 마음)을 관찰하고, 악을 간파해야 하며, 영혼 안에서 움직이는 악한 행동을 바라보고 성찰해야 한다. 그럼에도 불구하고 악을 만나면 악령과 직접 싸우려 들어서는 안 된다. 생

각과 말로 행동하는 것을 관찰해 보면, 그리스도의 나라를 반대하는 인간의 적들은 "나쁜 생각"들이다. 그리스도교 동방교회는 8가지 나쁜 생각에 주의할 것을 말하고 그리스도교 서방교회는 7죄종을 말한다. 교만, 탐식, 음욕, 분노, 탐욕, 질투, 나태이다. 8가지 나쁜 생각, 7죄종 등 악마에 반응하는 내 영혼과 마음 상태를 바라보고 주님의 영에 의탁하는 것이 식별하기이다.

7. 위로와 실망을 분별하도록 초대받은 경험이 있는지 살펴보아야 한다. 위로는 영혼의 감동이고, 영혼은 몸과 영 사이에 있는 신적인 것으로 사람을 하느님과의 일치로 인도하는 하느님의 숨결이고 사람의 육체를 이어주는 가교이다.

영적 위로란 무엇일까? ① 마음에 이는 감동으로 하느님에 대한 사랑이 타올라 모든 것을 하느님 안에서 사랑하는 순간의 감정이다. ② 나의 죄, 그리스도의 수난과 고통, 하느님께 봉사와 찬미를 드리며 오는 고통, 주님에 대한 사랑으로 쏟는 눈물도 위로이다. ③ 신(信), 망(望), 애(愛)를 키우고, 하느님 안에서 느끼는 영혼의 고요와 평화가 위로이다. ④ 천상적인 것에로 부르고, 영혼 구원에로 이끄는 나의 모든 내적 기쁨이 위로이다.

8. 영적 위로와 실망을 분별해야 한다. 영적 실망은 영혼의 어두움, 유혹에서 오는 불안, 게으른 마음, 무딘 마음 등으로 하느님으로

부터 멀리 떨어진 것 같은 상태이다. 실망은 치유될 수 있는 병과 같은 것이고, 영혼의 평범한 상태와 마음의 평화로 인도되어야 한다.

9. 영적 실망을 치유하는 하느님의 은총의 원리는 다음과 같다. ① 은총으로 실망을 극복한다. ② 위로의 은총으로 이겨낸다. ③ 늘 우리 안에 앞서 움직이는 은총이 함께 하신다. ④ 하느님이 새로운 위로와 성령 충만을 허락하였다.

10. 마귀, 악, 사탄, 원수는 인간 지성, 영성, 마음을 결코 움직일 수 없다. 마귀를 이기는 비법은 -마귀가 확실하다면- 무관심이 최고다. 마귀는 우리의 생각을 통해서도 오지만, 우리의 감정을 통해서도 온다. 사람의 마음을 바꾸려고 할 때는 생각을 통해서 오지만, 하느님께 멀어진 마음을 더 강하게 하기 위해서는 감정을 통해서도 온다고 성 이냐시오는 말한다. 마귀는 인내의 미덕이라는 것이 없다. 서두름이 마귀의 장난이지 그 밖의 것은 아니다. 마귀에 무관심하고 말씀과 사랑에 우선하면 충분하다.

11. 생각의 시작을 바라본다. 선한 생각은 자연, 하느님, 천사에게서 온다. 나쁜 생각은 악, 나의 자유로운 결정에서 온다.(에바그리우스 폰티쿠스) 생각이란? 첫째로 순전한 내 자유와 원의에서 오고, 둘째로 내 밖에서 오는 두 가지 생각이 오는데, 하나는 선한 영에서 오고 둘은 악한 영에서 온다.(로욜라의 이냐시오 [영신수련] 32항 참조) 그러므로

선과 악의 영향을 받는 생각의 시작을 바라보는 게 중요하다. 이는 내가 가지고 있는 가치들을 잘 식별은 하되 판단하거나 단죄하지 않는다는 것이다.

12. 인격은 무엇인가? 자유롭게 의지를 가지고 옳고 그름, 선과 악을 판단하는 주체입니다. 몸과 마음이 모두 인격을 형성합니다. 또한 좋은 인격에서 좋은 생각이 나오고, 나쁜 인격에서 나쁜 생각이 나오듯, 마음에서 솟아나는 생각을 통해 자신의 인격을 볼 수 있을 것이다. 그러므로 내 안에 잉태된 좋은 생각이 인격으로 나타난다. 하지만 악과 나쁜 생각은 좋은 생각과 구별해야 한다. 즉 생각의 식별이다. 악과 나쁜 생각에 매혹됨과 유혹은 인간의 마음과 정서를 이긴다. 특히 악은 약한 나를 순간순간마다 공격하고, 이를 위해 유혹자는 나를 계속 정탐하는데, 이 악과 나쁜 생각이 나를 향해 움직인다. 그 악이 나를 공격하고 나에게 제시하는 것을 인간은 막을 수 없다. 그러므로 악과 나쁜 생각을 이겨내는 방법이란? 무엇이고 어떻게 막아낼 수 있을까? "깨어 있어야 한다." 바로 기도의 순간이 필요한데, 그 때 어떤 "깨어있음"이 요청된다. 그러면서 생각을 느낄 수 있도록 분별할 필요가 있다.

13. 영성동반 어떻게 진행하는가? 영성생활의 동반을 받고자 원하는 사람은 영성 동반자에게 모든 생각을 드러낼 필요가 있지만, 그럴 환경이 아닐 때는 자기 생각들의 시작, 과정의 진행을 관찰한

다. 즉 내 생각이 어떻게 태어나고, 어디로 가며, 어떻게 인도되는지 바라본다. 그래서 생각의 그 시작과 중간 그리고 끝이 모두 좋고, 모든 일에서 선을 향하면, 이 생각은 천사로부터 온 것이다. 이런 작업이 중요한 것은 위 과정의 반대결과가 원수의 작업이었다는 것을 드러내기 때문이다.

14. 악을 이겨내는 방법이 있는가? 영이 제안하면 생각으로 나타난다. 바로 영감(inspiration)이다. 그러므로 생각이 생각으로 남을 때 악은 행동할 수 없다. 다만 비이성적 의지로 영향 받은 생각은 열정과 탁한 것으로 변한다. 그러므로 생각의 순수함을 유지하는 방법을 수련한다. 이는 몸, 마음, 혼을 맑게 닦는 수련을 함으로써 자기의 지가 생기고 순간순간 발생한 생각이 순수하게 된다. 곧 정화 여정이 된다. "생각들에서 열정을 분리하면 악마와 싸움에서 이긴다. 그렇지 않을 때 내적 자유를 유지할 수 없다"(고백자 성 막시무스). "생각에서 열망을 분리하면 자유로운 선택과 평온한 성찰을 통한 순수 생각이 된다"(로욜라의 성 이냐시오).

15. 반대로 행동하기(Agere Contra). 나쁜 생각에 대해 두려움을 갖지 말아야 한다. 하느님의 은총으로 견고해진 마음의 자유로움이 그 나쁜 생각, 악마에 저항할 수 있기 때문이다. 악마에 대해 미숙한 두려움을 가지지 마라. 더 나아가서 악마를 거대한 자로 상상도 하지 말아야 한다. 주님께서 주신 내 힘과 견고해진 내 능력으로 악마

에 저항하고 이길 수 있다. 적이 암시하는 것에 대해 참으로 거슬러 저항하도록 많은 훈련을 하고 그 암시로 얻은 습관과 반대로 훈련해야 한다(사막의 교부들). 지속적으로 실행하는 영적 싸움에서 마음의 평화를 보존하라(philokalia). 낙원에서 악마와 토론한 것이 하와의 약점이다. 악마와 대화해서는 안 된다. 광야에서 악마와 마주서 유혹을 거부한 예수님처럼, 오직 반대하고 반박하며 거부해야 한다. 악마와 나쁜 생각에 "거슬러 저항하라 "(Agere Contra) 이것이 수도생활 , 영성생활, 신앙생활이다.

16. 방해, 훼방은 악에서 온다. 좋은 생각들에서 나쁜 생각들을 구별한다. 8가지 나쁜 생각은 탐식, 간음, 탐욕, 우울, 분노, 나태, 허영, 교만이다. 생각들은 한 대상을 묘사하고 표현하는 것과 연관된다. 생각과 말과 행동에서 말과 행동 안에 그 원천인 생각이 들어있다. 그래서 대죄를 지으려는 생각이 들 때, 말과 행동으로 가지 말고 즉시 생각을 거부하여 극복해야 한다.([영신수련] 33항 참조)

"사탄도 빛의 천사로 위장합니다."(2코린 11, 14) 성 안토니오에 의하면 식별의 황금률인 선한 생각을 태어나게 하는 것들은 다음과 같다. 말할 수 없는 기쁨, 해학과 유머, 용기, 내적 쇄신, 에너지를 얻기 위한 사랑, 하느님을 위한 사랑이다.

나쁜 생각을 일으키는 것들은 다음과 같다. 영혼의 두려움, 동요,

생각들의 무질서, 우울, 덕에 반대하는 증오, 게으름, 나태, 비탄, 죽음의 불안, 나쁜 원의, 덕의 허약함, 습관들의 무질서이다.

17. 영성지도와 동반을 방해하는 모든 것은 악마에게서 온다. 생각의 진행결과가 악하고, 지향한 처음 것보다 덜 좋고 이탈되며, 안정되고 평화로운 영혼을 혼란케 하고 불안케 하면, 내 영혼의 발전을 방해하고 구원의 적인 악한 영으로부터 나왔다는 분명한 표지다 ([영신수련]규칙 5: 333항 참조).

부정적 변화는 평화를 방해한다. 평화를 방해하는 말은 속임수가 될 수 있다. 나쁜 영은 죄에 들어선 자가 변화하는 것을 원치 않는다. 쾌감과 향락 그리고 감각을 상상케 한다. 평화는 그 악습과 죄에서 더 옅게 존재하기 때문이다. "의로운 길 위에 놓인 자만이 악마의 방해를 받는다." "봉헌된 영혼은 내면 현상을 위해 예민한 감각을 갖는 체험을 한다."(로욜라의 성 이냐시오)

18. 자기 의지를 내려놓는 훈련을 한다. 1) 영적 식별, 분별에 힘쓰는 이유는 하느님의 뜻을 알기 위해서 이다. 2) 분별해야하는 세상 현실에는 무엇이 있을까? 나쁜 생각들, 수많은 종류의 악습들이 존재하고 자란다. 3) 사악한 생각 곧 악습과 결점 그리고 악도 깊은 공동의 뿌리를 가진다. 이는 자신을 무질서하게 사랑하는 자기애와 이기주의다.(그리스 교부들) 4) 신앙인은 자기 스스로 거부하는 완고함

(인간과 하느님 사이에 서 있는 철벽)을 무너뜨리도록 초대되었다. 5) 악에 대항하여 반대로 행동하기(contra agere) 위해서 하느님 뜻에 맹목적 순종이 필요하다. 6) 하느님 뜻과 덕에 기초한 자신의 자유의지를 줄이거나 없애지는 말아야 한다. 7) 봉헌과 신앙생활을 하는 자들은 '자신을 찾아온 상대방이 원하는 것을 하지 말기'를 제안할 수 없다. 8) 문제는 열정과 초심 곧 처음 생각과의 관련이다. 처음 생각에서 이 열정을 분리하기, 그 생각에 맑고 순수를 선사하는 것이 중요하다. 9) 생각의 순수함이 하느님의 뜻을 담고 있다. 10) 하느님의 뜻과 목적을 식별하기 위한 조건이란? 하느님과의 관계에서 나 자신을 발견하는 일이다.(헨리 나우웬)

19. 영적 식별의 마무리는 다음과 같다. 1) 하느님의 뜻을 식별하기 위해 조건은 하느님 안에서 나 자신을 발견하는 일이다.(헨리 나우웬) 2) 성경과 전승에 근거를 두고, 참 주제들을 통해 이성적이고 정당한 식별을 한다. 3) 나의 뜻과 원의를 실현하려는 자는 자기가 올바른 길 위에 있어야 하고, 그것에 대해 다른 자들로부터 확신을 받아야 한다. 악의 원천이 무질서한 자기애와 이기주의이라는 것을 알아차리고, 그것에 자기 원의가 가까이 있지 않다는 검증을 받아야 한다. 도로테오 성인은 이를 의로움의 요구 혹은 자기변호라고 한다. 4) 그런데 자기변호가 오히려 완고함이 될 수 있다. 곧 자기 안에서 단지 스스로 생각하면서, 또한 확신이 없는 자는 자기 생각에 반대하는 모든 의견에 대항한다. 그래서 자기 뜻을 유지하려고 반

복 주장한다. 이것이 완고함이다. 5) 의로운 주장, 자기변호는 자기를 지지하고, 자기의 참 의지와 만나면 악은 사라진다(성 도로테오). 6) 자기 의지는 순종과 헌신을 통해 전승 곧 교회전통에 존재하는 완전한 태도에 항상 일치한다.(로욜라의 성 이냐시오) 7) 장상(수도원장, 주교, 총장, 주임사제, 단체장, 부모 등)은 자기 책임하의 직무 종사자들을 위해 봉사해야 한다(스투디타의 성 테오도로). 장상은 순종을 요구하면서도 자기 산하에서 협력하는 직무 종사자들이 어지러운 감정들로부터 해방되고 하느님을 향해 자유롭게 다가가도록 대리권을 준다. 8) 영신수련의 지도자는 봉사를 실천하는 동반자이다. 9) 온갖 무질서한 애착을 없애도록 우리 정신을 준비하고 내적 자세를 갖추며 그런 다음 영혼 구원을 위해 자신의 인생에 대한 하느님의 뜻을 찾고 발견하려는 모든 방법을 영신수련이라고 하는 것이다([영신수련] 1항 참조).

3. 나는 몸이고 영혼이며 영이다

1) 인간은 누구인가?

인간을 신학적으로 다루는 학문, 곧 신학적 인간학은 간단히 말하자면 첫째, 인간은 누구인가요? 둘째 죄는 무엇인가요? 셋째 은총을 받아서 구원된다는 의화에 관한 것입니다. 인간은 하느님의 모습을 닮은 존재라는 것은 성경이나 그리스도교의 가장 핵심적인 내용이며 그래서 인간이 하느님의 모습을 닮도록 창조 되었습니다. 하느님의 모습으로 인간을 만들어 주셨지만 그 하느님의 모습을 지속적으로 닮는다는 것은 인간이 해야 하는 몫입니다. 곧 하느님의 닮음을 유지하며 성장하고 보존하는 것은 인간의 몫이 됩니다.

학교에서 교사가 내주는 과제를 누구도 대신할 수 없이 학생 스스로 해야 하는 것처럼 말입니다. 이처럼 나는 하느님의 모습을 선물 받았지만 하느님의 모습을 닮는 것은 우리 인간의 몫이고, 하느님의 모습은 사랑이며 우리는 그 사랑을 닮는 것입니다.

인간은 하느님 안에서의 우리 기원의 단일성 안에서 물질적인 육체와 영적인 영혼으로 이루어진 만인 공통 본성의 단일성을 이룹니다. 곧 인간은 육체와 영혼으로 하나인 존재입니다. 하느님의 모습대로 지어진 인간의 인격은 육체적이며 동시에 영적인 존재입니다. 그러므로 하느님께서는 전체적인 인간을 원하신 것입니다.

영혼이라는 단어는 성경 안에서 종종 인간의 생명이나 인격 전체를 의미합니다. 그러나 이 단어는 또한 인간의 가장 내밀한 것, 그리고 특별히 그것을 통해서 하느님의 모습을 가지게 되는, 그에게 있어 가장 가치 있는 것을 가리킵니다. 영혼은 인간의 영적 근원을 가리킵니다. 인간의 육체는 하느님의 모습의 존엄성에 참여합니다. 인간의 육체는 정확히 말해서 그것이 영혼에 의해 생명을 받는다는 바로 그 사실로 인해 인간의 육체인 것입니다. 그리고 그리스도의 몸 안에서 성령의 성전이 되는 것은 인간의 전체 인격입니다.

영혼과 육체의 일체성은 영혼을 육체의 형상으로 생각해야 할 만큼 심오한 것입니다. 말하자면 물질로 구성된 육체가 인간의 살아 있는 육체일 수 있는 것은 영혼의 덕분입니다. 인간 안의 정신과 물질은 결합된 두 개의 본성이 아니라, 그 둘의 결합으로 하나의 유일한 본성이 형성되는 것입니다. 각 사람의 영혼은 부모들이 '만든' 것이 아니며 하느님께서 직접 창조하셨고 불멸한다는 것을 교회는 우리에게 가르칩니다. 죽음으로 인해 육체와 분리되어도 영혼은 사라지지 않으며, 종말 때 부활한 육체와 새로이 결합될 것입니다.

영혼은 다음과 같이 설명할 수 있습니다. 책상이 나무로 만들어지는데 책상의 형태는 나무로 채워집니다. 이처럼 인간에게 형체는 영혼입니다. 이 말은 보이는 것은 육체이지만 그 육체를 채우는 것은 영혼이라는 것입니다. 하나의 본성인 인간성은 육의 살이 썩어도 영혼은 사라지지 않습니다. 그리고 영혼과 마음은 성경에서 동의어로 쓰입니다.

때때로 영혼은 정신과 구별되어 쓰이는 것을 볼 수 있습니다. 성 바오로는 우리의 "영과 혼과 몸이"(1테살 5, 23) 주께서 오시는 그날까지 흠 없이 지켜지기를 기도합니다. 교회는 이러한 구분이 영혼을 둘로 나누는 것이 아님을 가르칩니다.(870년 제4차 콘스탄티노폴리스 공의회:DS 657)[16]

영이라는 단어는 인간이 그 창조 때부터 자신의 초자연적인 목표

---

16 DS 657: 구약과 신약 성경이 인간은 이성적이고 지성적인 하나의 영혼을 가지고 있다고 가르치며, 하느님의 영감을 받은 교부와 교회학자들도 같은 견해를 확인하는 데도, 인간이 두 영혼을 가지고 있다고 가르치며, 어떤 비이성적인 논증들을 통해서 자신들의 고유한 이단을 견고히 하는 몇몇 사람들이 있다.

를 향하고 있음을 의미하며, 인간의 영혼은 은총에 의해 하느님과의 일치에로 들어 올려질 수 있음을 의미합니다. 교회의 영적인 전통은 또한 성경에서 마음속(예레 31, 33)이라는 의미로 쓰이고 있는 마음에 대해서도 강조합니다. 이 마음속에서 인간은 하느님을 선택하거나 포기할 것을 결정합니다. 바오로 사도는 다음과 같이 말합니다. "육이 욕망하는 것은 성령을 거스르고, 성령께서 바라시는 것은 육을 거스릅니다. 이 둘은 서로 반대되기 때문에 여러분은 자기가 원하는 것을 할 수 없게 됩니다."(갈라 5, 17) 육은 영을 거스르는 욕망들을 가지며, 영께서는 육을 거스르는 욕망들을 가지신다는 것입니다. 바오로 사도는 이어서 육의 행실(갈라 5, 19-21)과 성령의 열매(갈라 5, 22-24)를 말씀합니다.

2) 죄는 무엇이고 은총은 무엇인가요?

그러면 죄는 무엇입니까? 하느님은 우리를 너무 사랑하셔서 당신의 모습대로 사람을 창조하셨는데, 사람은 그 하느님의 사랑으로부터 멀어지면서 하느님을 닮은 사람의 모습이 달라졌습니다. 그러므로 죄란 인간이 하느님을 닮은 모습에서 멀어지는 것이고, 그것을 사람의 타락이라고 말합니다. 하느님은 당신 모습으로 인간을 사랑스럽게 창조하셨는데, 인간이 하느님의 사랑에서 멀어지면서 모습이 변질되는 것입니다. 인간의 욕망, 욕심, 타락이 죄가 되는데, 하지만 우리는 죄로 끝나는 것이 아니라 하느님께서 우리에게 은총을 주시고 의화 곧 의롭게 될 것입니다.

하느님의 사랑에서 멀어지는 것이 죄인데, 하느님은 우리의 죄에도 불구하고 우리를 너무 사랑하셔서 예수님을 보내주십니다. 그래서 우리를 은총으로 의롭게 해주십니다. 이 은총론이 바오로 사도의 의화론(개신교는 칭의론 稱義論)입니다. 우리가 교리를 체계적으로 배우는 것은 매우 중요합니다. 그렇지 못하면 내용이 섞여 엉망이 되고 종교가 사업이 될 수 있으며, 신앙의 진리를 제대로 알지 못한다면 종교는 매우 위험합니다. 종교심은 중요하지만 성경을 토대로 한 역사 안에서 발전된 예수님의 뜻과 이천년 동안 체계화된 교리는 교회를 교회답게 그리고 우리를 사람답게 합니다.

우리는 은총에 대해서 이야기를 많이 하고 들어보기도 합니다. 개신교에서는 은혜라고 하는 은총은 종교 용어 중에서 가장 많이 사용되고 우리가 신앙생활을 하면서 어쩌면 성당, 예수님, 하느님보다 은총을 더 많이 사용하는데 잘못 사용하는 용어이기도 합니다. 요즘 교회에서 은총이 약화되는 이유 중에 하나는 은총만을 강조하는 교회에 대한 불신 때문인데, 우리가 사는 사회는 인간 상호 간의 연대를 통하여 힘을 받습니다. 그럼에도 교회가 사회와는 아무런 연관이 없고 개인의 욕망만을 채우기 위해 은총을 외치고 있기 때문입니다. 은총이 자아도취적인 표현으로 사용되고 은총을 받은 교회 구성원들 사이에서 만연하는 비상식적인 모습이 드러나면서 참으로 교회생활이 은총답게 이루어지기 못하는 것은 안타까운 일입니다.

오히려 사회에서 은총의 모습들이 NGO 활동, 생태 환경 운동 등으로 활발하게 이루어지고 있는 현실을 봅니다. 청년들 중에는 냉담은 하고 있지만 봉사활동을 열심히 하는 친구들을 보기도 합니다. 이런 일들이 무조건 교회의 책임은 아니지만 구체적으로 인간의 힘을 모아서 세상을 바르게 할 수 있는 것이 무엇일까 교회 스스로 고민해 보아야 할 때입니다. 객관적이고 합리적인 부분들이 우리의 힘으로는 약하니까 하느님의 은총을 구한다는 느낌은 젊은이들을 불편하게 할 수 있다고 봅니다. 그러면서 성당은 멀리해도 사회적인 봉사활동과 생태환경운동은 열심히 참여하게 되는 것인데 그래서 앞으로는 우리 교회가 적극적으로 실천해야 할 일입니다.

많은 신앙인들이 은총은 연민의 정이나 위로와 혜택이라는 생각을 하고 성당에 가면 복을 받는다고 생각합니다. 그러나 그보다는 내가 하는 일을 통해서 주님의 복은 일어나는 것입니다. 프랑스 철학자 카뮈는 "인간은 은총의 나라 대신에 정의의 나라를 세우는 본래적인 희망을 시작해야 한다"고 말했습니다. 사회의 의식 있는 철학자와 신학자들이 세상의 현실을 바라보면서, 예를 들어 1, 2차 세계 대전과 이슬람 문제 등이 단순히 세속화 된 것이라고 할 수 없고,

교회가 본래의 모습을 갖추지 못한 영향을 지적했습니다. 은총은 절대적으로 관계의 개념으로 이해해야 하는데, 나는 아무것도 관계하지 않으면서 은총만을 받겠다는 것은 이기심일 뿐입니다. 은총으로 사회가 더 합리적이고 이웃사랑으로 나아가야 하며, 관계의 개념으로 이해하면서 엄밀히 말하자면 인간에 대한 하느님의 사랑을 함축하는 것이 은총입니다.

우리는 하느님의 사랑과 아울러서 은총과 함께 세상으로 나가야 합니다. 이것이 2차 바티칸 공의회의 정신이고 2차 바티칸 공의회 이전까지 교회는 완전사회이고, 교회가 중심이며 성스럽고 세상과 완전히 구별된 개념이었습니다. 그렇지만 가톨릭은 개혁이 빨리 이루어졌는데, 교황님들의 솔선수범으로 구조상의 어려움들이 있기는 하지만, 시대를 읽어내시는 훌륭한 교황님이 계실 때 교회가 역사 앞에 겸허히 회개하는 힘을 발휘했습니다. 현재 교황님이신 프란치스코 교황님은 가톨릭 신자가 아니더라도 모든 세계인들에게 존경을 받고 있습니다. 사람들이 교황님을 좋아하는 이유는 권위가 없으시고 순수하시며 가난한 이들을 사랑하시고 직접 먼 곳까지 찾아가 만나시는 겸손의 모습들 때문일 것입니다. 그래서 교황님의 행보만으로도 많은 이들에게 사랑의 하느님을 보여주는 좋은 영향을 줄 수 있습니다.

3) 하느님을 닮은 남녀 인간의 존엄성

인간은 하느님의 모습으로 창조되었고, 육체와 영혼으로 구성되어 있습니다. 그리고 인간은 남녀로 창조 되었으며, 둘이지만 한 몸으로서, 본래 낙원에 살도록 초대 받았습니다. 이것이 인간의 '몸 신학' 이야기 출발점입니다. 사람은 낙원에 살도록 초대받았는데, 우리의 현실이 그렇지 못한 것이 죄라고 고백합니다. 곧 낙원에 초대받은 인간이 하느님의 뜻에 순명하지 못함으로써 타락하게 되는데 그것이 죄입니다. 죄의 실체는 원죄가 인간의 원초적인 거룩함과 의로움을 상실하도록 영향을 미친 것이고, 그래서 인간 본성이 타락한 상태로 전달되는 것입니다. 맹자는 성선설을 주장하며 인간은 본래 선한 존재이고, 세상은 도덕적 이성을 갖춘 지식인이 국가 사회를 이끌어 가야 한다고 했으며, 순자는 성악설을 주장하며 인간은 본래 악하므로 국가 사회는 행위 규범인 예로 절제시켜야 한다고 했습니다.

하느님께서는 악마, 귀신, 마귀를 만든 적이 없으시고, 본래 인간, 천사를 창조하셨는데, 하느님을 제외한 인간이 죄를 짓고, 천사는 마귀로 타락했습니다. 그러면 우리는 무엇을 해야 합니까? 회복을 하면 되고 회복하게 해주시는 분은 예수 그리스도시며 그것을 '의화'라고 합니다. 하느님은 인간을 죽음의 그늘 아래 더 이상 내버려 두지 않으십니다. 이것이 은총입니다.

오직 인간이 하느님을 알고 사랑하며, 하느님의 생명을 나누어 받도록 부르심을 받았습니다. 이를 위해 인간은 창조되었고, 이것이 인간 존엄성의 근본적인 이유입니다. 태어나고 싶어서 태어난 사람은 없으며, 인생의 시작과 마침은 내 뜻이 아니지만 과정은 내 뜻대로 할 수 있습니다. 이렇게 신앙의 큰 차원은 부르심으로 온 것이고 자녀들의 신앙도 본인의 자유라고 억누르거나 외면하지 말아야 합니다. 인간이 존엄하다는 것은 우리 모두가 하느님의 모습을 닮았다는 것입니다. 성경에는 '인격'이라는 말은 없지만 이는 '목숨'(psyche)을 말하는 것입니다. 하느님의 모상을 지닌 인간은 인격이라는 품위를 지니고 있습니다. 이는 자신을 인식하고 자제할 수 있으며, 자유로이 자신을 내어줄 수 있는 것입니다. 그러므로 우리는 다른 인격과 친교를 이룰 수 있습니다. 이처럼 사람은 창조주 하느님과 맺은 계약으로 부르시는 은총을 받았으며, 신앙과 사랑의 응답을 주님께 드리도록 부르심을 받은 것입니다. 그래서 우리는 하느님으로부터 초대받은 당신입니다. 우리도 상대방에게 강요가 아닌 '초대'라는 표현을 하며 의무적인 신앙을 지양하고 신앙 안에서 자연스럽게 초대하며 배려하는 것이 필요합니다.

1784년 조선의 유학자들인 남인신서파의 권철신, 이벽 등은 유교의 가치가 경직되고 희망이 없으며 파벌이 생기자 그들 스스로 서학을 찾아내고, 읽으면서 천주교의 인간 존엄성과 평등성에 매력을 느꼈습니다. 인간은 육체와 영혼으로 이뤄진 하나의 존재입니다. 하느님의 모습대로 지어진 인간의 인격은 육체적이며 동시에 영적인 존재이고 하느님은 전체적인 인간 곧 전인격을 원하십니다. 영혼은 성경에서 인간의 생명이나 인간의 인격 전체를 의미하고 인간의 가장 내밀한 것입니다. 이 말은 하느님의 모습을 가지게 되는 가장 가치 있는 것을 가리킵니다. 이는 바로 영적 근원을 가리키며, 육체는 하느님 모습의 존엄성에 참여합니다. 인간의 몸은 영(Spirit)의 옷을 입은 육체입니다. 내 마음이 불편하면 얼굴에 드러나고 몸을 꼬집으면 아프다고 느끼는 육체를 지니고 있는데 그런 육체 외에 마음, 생각, 감각, 미움도 다 영혼의 식구들입니다.

하느님께서는 당신께서 원하시는 평등과 차이로 남자와 여자를 만들어 창조하셨습니다. 인격에서 완전히 동등하지만 존재의 특성에서 창조주의 지혜와 선을 반영하는 서로 다른 남자와 여자로 창조하기를 하느님은 원하셨습니다. 본디 사람은 서로가 서로를 위한 존재이고, 두 존재의 결합입니다. "아담이 혼자 있는 것이 좋지 않으니 그의 일을 '거들 짝'을 만들어 주리라"(창세 2.18) 그들은 '반쪽' 이나 '불완전'이 아닌 서로 인격적 일치 안에서 각자 상대를 위한 '도우미'가 될 수 있습니다. 평등하지만 차이가 있는데, 그러나 차별이 있으면 안 됩니다. 그런 차별을 하는 것은 차이를 모르기 때문입니다. 남녀의 평등은 획일이 아니며, 남자와 여자로서의 차이가 있는 것입니다. 차이가 차별일 때는 평등하지 않은 것이므로, 차이가 있는 것을 받아들이는 것이 평등입니다.

존재의 특성상 남편은 책임감을 가지고 아내의 말을 들어주려 하는데, 예를 들어서 보통 아내들이 "당신은 어쩌면 설거지를 한 번도 안 도와줘?"하는 말에 남편들은 "엊그제 했거든!" 하면서 횟수로 정확하게 말합니다. 사실 아내들은 남편에게 함께 집안일을 도와달라는 요청인데, 남편의 논리적인 대답으로 부부싸움이 벌어지곤 합니다. 그리고 운전을 할 때도 남편은 도통 아내의 말을 들으려 하지 않고 자신이 생각한 길을 고집하다가 엉뚱한 길에 들어서기도 합니다. 하지만 서로 도움을 주는 역할을 하면서 잠시 차를 세워 아내는 길을 물어보고, 남편은 운전을 하면 될 일인데, 서로의 특성을 이해하지 못한 채, 고집을 피우고 계속 운전하다가 즐거운 여행길에 차 안에서 다투며 도착 장소까지 가는 경우도 생깁니다.

남녀가 연애할 때는 서로의 다른 점이 좋아서 만났는데 결혼 후에는 다름을 받아들이지 못하는 불화로 이어질 수도 있습니다. 그러므로 남녀는 서로에게 도움을 주는 관계이고, 서로를 지배하거나 종속하면 문제가 생기게 됩니다. 이것이 성경 이전 시대부터 시작한 이론이 아니라 인간의 경험입니다. 친절한 도우미처럼 서로에게 도움이 되어야 하고, 그런 관계가 되지 않으면 서로를 지배하고 압박하게 됩니다.

하느님께서 혼인을 통해서 그들이 "한 몸"(창세 2. 24)을 이루게 하심으로써 인간 생명을 전달할 수 있게 하십니다. 그러므로 남녀는 하느님의 '관리인'으로서 땅을 다스릴(창세 1, 28) 소명을 가지고 있습니다. 그런데 소명이란 독단적이고 파괴적인 정복의 권한이 되어서는 안 됩니다. "세상 모든 것을 사랑하시는"(지혜 11, 24) 창조주의 모습을 닮은 남자와 여자는 다른 피조물을 위한 하느님의 섭리에 참여토록 부르심을 받은 것이고, 그래서 그들은 하느님이 맡겨주신 세상에 대해 책임을 집니다. 남녀 둘이 한 몸이라는 것은 외적인 상태가 아니라 영혼, 정신, 마음의 상태를 말하며, 둘이서 함께 같은 곳을 바라보면서 걸어간다는 뜻입니다. 둘이 한 몸이라는 것을 이해하면 하느님도 이해할 수 있습니다. 그래서 하느님께서 만드신 세상을 돌보도록 위임받은 인간이 돌봄이 아닌 지배를 하고 인간 중심의 이기적인 삶을 살면서부터 지구는 아프게 된 것입니다. 하느님께서 인간에게 맡기신 세상을 위한 다스림은 세상을 책임지는 목자처럼 다른 피조물들인 동물과 자연을 돌보아야 하는 것입니다.

낙원의 인간은 '원초적 거룩함'과 의로움의 상태에 놓여있는 인간이고, 원초적인 거룩함의 은총은 바로 하느님의 생명에 참여하는 것입니다. 남자와 여자 간의 일치는 첫 인간 아담과 하와 그리고 다른 피조물들 사이의 조화가 원초적인 의로움을 이루는 것입니다. 그런데 '의롭다는 것'은 상대방을 받아들이고 이해하고 책임지는 것입니다. 이처럼 인간이 하느님과 일치하여 있는 동안은 죽음도 고통도 없습니다.

4) 은총을 받는 인간

이제 은총에 대해서 이야기를 나누겠습니다. 죄에 대해서는 왜 깊게 다루지 않나 하시겠지만, 우리는 흔히 "사는 게 죄다"라고 말하지요. 우리는 항상 은총과 은혜에 대해서는 많이 듣고 지내며 또 인간에 대한 이해를 하기 위해 영혼을 이야기도 합니다. 중세 때와 지금의 정신 의학에서도 오류적으로 일치하는 부분들이 있는데, 인간의 영혼은 '인간의 모든 것'이라고 말합니다. 물론 가톨릭 교회는 다음의 신앙을 고백합니다. 육신은 썩지만 영혼은 썩지 않는다고 말하며, 우리가 영원히 산다는 믿음을 고백하는 것은 신앙고백이며 이론적인 설명이 아닙니다. 인간의 영혼은 모든 것을 이해하고 인식하며 관계를 맺을 수 있는 육체 외의 인간 전부를 말하고 있는데, 대화에서 "저 사람은 영혼 없이 말을 하네" 라고 말하는 것처럼, 영혼은 모든 것을 알아볼 수 있으며, 생각을 하는 것이므로 이 모든 정신세계의 움직임이 영혼의 덕분입니다.

영혼은 영어로 soul이고 라틴어로 아니마(Anima)라고 하며, 성모님도 기도하실 때 "내 영혼이 주님을 찬송하며" 라고 기도하셨습니다. 영혼은 내 몸 전체이고, 영혼은 인간의 모든 것입니다. 나의 의지를 온전히 채워야 행위가 될 수 있으며, 의지 없이 몸만 따라가는 것은 영혼이 아프다고 말할 수 있습니다. 우리는 기도문을 읽으면서 기도할 때는 집중하고 조심하면서 기도를 하지만, 그 후에 기도문을 외우고 익숙해지면 생각과 기도가 따로 분리되면서 주위에 일어나는 상황까지 참견하면서 기도를 하게 되는 습관화가 된 기도를 하게 됩니다. 그래서 의지가 온전히 채워져야 인식 행위가 인격화되는 것이고, 인간의 체계는 고도로 정밀하게 하느님에게서 창조된 존재입니다. 이는 이론적인 설명이 아니고 동물학자의 연구와 비교실험에서도 나타나는 인간과 동물의 차이점이며, 그래서 동물은 기본적인 감정만 가지고 산다는 것입니다. 영혼은 인간의 독특하고 유일한 모든 것을 나타내기 때문에 여러분들의 신앙생활도 자신의 영혼을 잘 알아차리고 돌보기 위함이므로, 타인의 영혼에 신경 쓰기보다는 자신의 영혼에 집중하면 좋겠습니다. 하지만 자신의 영혼 돌봄은 자신에게 집중하는 개인주의적 신앙, 세상 도피적 신앙을 결코 말하지 않습니다. 이는 이웃을 향하는 사랑이라는 분명한 복음적 목표를 지향하고 있습니다.

종교심이 많은 신자들은 평소에도 '은총을 받는다.' 라고 쉽게 듣고 말하지만 분명한 것은 비범한 은사체험, 그릇된 종교의 열광주의는 은총의 직접적인 체험이라고 말할 수 없습니다. 이는 그리스도교의 전통적인 가르침 안에서 알려진 사실인데, 그릇된 종교에서 사용하는 은총의 체험들을 조심하시고 상식적이지 않은 것은 사실이 아니라고 보시면 됩니다. 이 세상에서 경험하는 어떤 대상이나 실재성과 얽혀서 나타나는 모습은 하느님의 체험이 아닙니다. 예를 들어 기도하다가 하느님의 음성이 실제로 들렸다고 하는 분들이 있습니다. 그러나 그것이 하느님 체험이라고 증명할 수 없습니다. 심리적인 상태에서 조현병, 우울증, 공황장애 등으로 일어나는 현상일 수 있기 때문에 의사에게 상담을 받아야 하는 것을 미루는 일이 될 수 있습니다. 실제로 2000년이 오기 전에 그리스도교의 가치가 오해받는 일이 많이 벌어졌고, 우리가 경험해 보지 않은 종말론으로 많은 오해가 발생했습니다. 그래서 종교 지도자들의 책임 있는 정확한 사실을 신자들과 나누는 것이 중요하고 자신의 방식을 하느님의 방식으로 착각하는 오류가 생기는 것을 방지해야 합니다.

하느님과 그분의 은총을 오직 그분께서 직접 계시하는 그 방식을 따라야만 체험이 가능하고, 하느님의 방식이기 때문에 인간의 방식으로는 오해할 수 있습니다. 그래서 하느님은 당신의 뜻대로 주재하지 않으시고, 은총 중에 은총인 자유를 우리에게 주셨습니다. 자유는 인간이 누리는 최고의 은총이며 이것은 방임이 아니고 무엇이든 내 맘대로 한다는 뜻도 아닙니다.

은총은 이천년 그리스도교의 역사 안에서 많은 우여곡절이 있었는데, 은총은 하느님의 안배, 하느님의 역사하심, 하느님의 섭리입니다. 하느님은 우리를 위해서 계획은 세우셨지만, 그 계획으로 인간을 옥죄려고 하는 것이 아니라, 미래는 인간의 자유의지에 의해 열려있지만 하느님의 계획은 우리를 살리려고 하는 것이기에 우리의 구원을 위해서 당신이 세우신 계획에 늘 충실하십니다. 그래서 예정론과 운명론은 가톨릭 사상이 아닙니다.

5) 몸 신학

　교황 요한 바오로 2세께서는 성경말씀을 통하여 결혼과 이혼을 화두로 삼는 '몸 신학'을 풀어나가십니다. 2천 년 전에 바리사이들이 예수님께 한 질문은 오늘날에도 유효한 질문이지만, 현대는 과거와 비교할 수 없을 만큼 사회가 복잡해지고 여권이 신장되면서 질문 자체가 보다 복잡해지고 세분화될 수 있습니다.

　또한 현대 사회는 혼인과 성(性)에 대한 교회의 가르침을 시대착오적이고 고리타분한 것으로 보는 시선이 많아졌습니다. 교황님은 이런 시선을 '편협한 시각'이라고 말씀하시면서 이 질문에 대한 대답은 예수님이 말씀하신 '한 처음'에서 찾아야 한다고 하셨습니다. 요한 바오로 2세 교황은 '한 처음'을 신학, 형이상학, 인간학의 관점에서 분석하십니다. 왜 '몸 신학'인가? 종교개혁 이후 인간은 하느님의 존재보다는 인간의 이성에 주목하기 시작하였고, 영과 육을 분리해서 생각하는 이분법적인 논조가 대세가 되었습니다. 데카르트가 "나는 생각한다. 고로 존재한다"는 명제를 불변의 명제로 주장할 때부터 근대 이성주의가 시작되어 모든 것은 객관적인 존재보다는 주관적인 경험 위주로 돌아가기 시작하였습니다.

　요한 바오로 2세 교황님은 사람들이 우리 '몸'이 하느님을 닮은 자유의지를 가진 인격체(객관적인 존재)라는 가톨릭의 정통 가르침보다는 자연 세계에 존재하는 물질로 보기 시작하면서부터 인간에게 위기가 닥치기 시작했다고 보았습니다.

이와 함께 사람들이 몸과 영을 분리해서 생각하면서, 몸과 영혼을 일치가 아닌 대립으로 보는 이원론이 득세하였습니다. 즉 '영'을 중시하는 천사주의는 몸이나 성을 죄악에 빠지게 하는 온상으로 생각하여 단죄하려는 잘못을 범하게 하였고, '육'을 중시하는 애니멀리즘은 몸을 지나치게 숭배하거나 성(性)에 과도하게 열광하도록 만들었습니다.

이러한 혼돈과 위기를 맞이해서 가톨릭 신자들에게 '몸'으로 대변되는 인간의 의미와 진정한 행복을 가져오는 삶을 살기 위해서는 어떻게 해야 하는지에 대한 당신의 생각을 추기경 시절부터 시작해서 정리하였는데, 교황이 된 이후에는 '수요 일반 알현' 시간을(1979년 9월 5일~1984년 11월 29일) 이용해서 일반신자들을 대상으로 체계적으로 교육하였습니다.

우선, 인간이라는 것이 무엇을 의미하는가? 요한 바오로 2세 교황님이 생각하신 원초적 인간은 다음에 나오는 창세기의 성경 말씀에 기초하고 있습니다. 원초적인 인간은 하느님의 형상을 닮고 그분의 숨으로 생명이 된 이 세상의 유일무이한 존재로서, '몸' 그 자체로 '성사 이전의 성사'를 보여주고 있다고 하였습니다. 왜냐하면 성사가 보이지 않는 하느님의 은총을 보이는 표징을 통해 드러내는 것이라면, 하느님의 모습을 닮은 인간의 몸은 그 자체로 성사이기 때문입니다. 따라서 인간은 자유 의지를 가진 인격체로서 존재하기 때문에 물질 그 자체로만 보아서는 안 된다는 것입니다. 다른 생명체에 이름을 붙이는 행위는 그 자체로 인간이 다른 생명체와 다름을 보여 주어 하나의 인격체임을 깨닫게 만들기도 했지만, 하와가 없을 때의 인간은 '원고독(原孤獨)' 속에 있던 존재였다는 것입니다.

하느님이 하와를 창조했을 때의 아담의 부르짖음은 처음으로 남성성과 여성성의 출현(性의 상이성)과 함께 이 둘이 독립적인 인격체임을 말해 준다고 하였습니다. 남자가 아버지와 어머니를 떠나 아내와 결합하여 한 몸이 되는 것(자기 증여 自己 贈與를 통한 일치)은 하나의 인격체가 다른 인격체한테 자신을 온전히 내어주는 행위로써, 이는 사랑의 행위라고 하였습니다. 이러한 사랑의 행위로 결국 자녀라는 제3자가 탄생하는데, 이는 마치 성부-성자로 이어지는 상이성, 성부-성자의 사랑의 자기 증여(일치 또는 한 몸), 이를 통해 성령으로 이어지는 삼위일체적 혼인의 신비의 원형을 보여주는 것이라고 하였습니다.

원초적인 인간을 원순수(原純粹)라고 하는데, 이는 둘 다 알몸이면서도 부끄러워하지 않았다는 성경 말씀에서 가져온 용어입니다. 인간의 몸은 하느님에 대한 신학 연구와 인간에 대한 인간학 연구를 이어주는 연결점이고, 그 자체로 거룩한 것입니다. 왜냐하면 하느님께서 인간을 자신을 닮은 모습으로 창조하셨고, 그리스도께서 육화하신 순간 온전히 충만한 신성이 육신의 형태로 이 세상에 머물렀을 뿐만이 아니라, 이제 그분은 교회의 머리가 되어 우리와 일치하기를 원하시기 때문입니다.

"남자는 아버지와 어머니를 떠나 아내와 결합하여, 둘이 한 몸이 된다."는 성경 말씀은, 육화하신 그리스도가 아버지 하느님을 떠나 우리한테 오셨고, 인류의 죄를 대속하고자 어머니 성모 마리아를 떠났을 뿐만 아니라, 십자가에 매달려 자신을 선물로 주셨으며(자기증여), 당신 자신이 머리(신랑)가 되어 교회(아내)와 결합하심으로써 '한 몸'이 되기를 원하셨다는 것을 묵상하게 해 준다고 하였습니다. 진정한 행복을 가져오는 삶을 살기 위해서는 어떻게 해야 하는가? 교황 요한 바오로 2세는 우리가 하느님의 '혼인적 신비' 안에서 살 때에만 진정한 행복을 느낄 수 있다고 주장합니다.

오늘날처럼 영과 몸을 분리해서 생각하는 풍조 아래서는 몸은 하나의 물질일 수밖에 없고, 이에 따라 몸은 하느님의 모상이 아닌 내 생각과 의지대로 마음대로 할 수 있는 것이 되기 때문에, 오늘날 우리가 직면하고 있는 여러 가지 문제가 생겼다고 주장합니다. 요한 바오로 2세 성인 교황님은 예수님의 이 성경 말씀을 혼인적 신비에 대한 결정적인 말씀이라고 얘기하십니다. 많은 사람들이 가톨릭의 가르침이 인간을 옥죄어 자유를 구속한다고 주장합니다. 하지만 위의 성경 말씀처럼, 진리는 자유를 구속하기 위해서 있는 것이 아니라 진정한 자유를 주기 위해서 있다는 것입니다.

영혼 돌봄

교회인가 | 2024년 5월 13일(서울대교구)
초판 1쇄 | 2024년 6월 5일
초판 2쇄 | 2024년 6월 28일

지은이 | 곽승룡
펴낸이 | 전갑수
펴낸곳 | 기쁜소식
등록일 | 1989년 12월 8일
등록번호 | 제1-983호
02880 서울 성북구 성북로5길 44(성북동1가)
☎ 02·762·1194-5 FAX 02·741·7673
E-mail : goodnews1989@hanmail.net

ⓒ 곽승룡, 2024
성경·전례문·교회·문헌 ⓒ 한국천주교중앙협의회, 2024.

ISBN 978-89-6661-309-0 03230

가격 17,500원

이 책은 저작권법에 의해 한국 내에서 독점적인 권리를 갖는
저작물이므로 무단전재와 무단복제를 금합니다.